Unsere Kita ist bunt

Hartmut E. Höfele & Susanne Steffe

Unsere Kita ist bunt

Das Multikulti-Spielebuch

Mit Illustrationen von Annette Swoboda

HERDER

FREIBURG · BASEL · WIEN

Inhalt

Vorwort

Das Anderssein der anderen als Bereicherung des eigenen Seins begreifen; sich verstehen, sich verständigen, miteinander vertraut werden, darin liegt die Zukunft der Menschheit.
(Rolf Niemann, Pädagoge)

Viele Kitas bemühen sich, Interkulturalität als Erziehungsprinzip in der Praxis zu implementieren. Dieser Prozess lässt sich nicht mit einem Fingerschnippen erledigen, sondern stellt alle Beteiligten immer wieder vor neue Herausforderungen. Das Ziel allerdings ist verlockend, geht es doch darum, Vielfalt in der Kita als Chance zu sehen und zu leben, in achtsamem Miteinander, getragen von einer gesunden Streitkultur, einem neugierigen, offenen Umgang mit dem Anderen.

Interkulturelle Erziehung in der Kita bedeutet nicht allein die Zusammenkunft von Kindern verschiedener Nationalitäten, sondern das Eingehen auf die kulturelle Verschiedenheit. Dadurch lernen Kinder, dass sich alle Menschen in Aussehen, Ansichten und Verhalten unterscheiden und dadurch einzigartig sind. Die Basis der viel beschworenen Chancengleichheit ist – so paradox wie trivial – die Erfahrung von Unterschiedlichkeit.

An diese „triviale" Einsicht knüpfen wir mit unserem praxisorientierten Buch an. Unterschiedlichkeit spielerisch zu erleben macht nämlich Spaß!

Wir möchten Pädagoginnen und Pädagogen mit konkreten Angeboten dabei unterstützen und ermutigen, Kindergruppen mit den unterschiedlichsten sozialen und kulturellen Hintergründen zu einer fröhlich funktionierenden kunterbunten Gemeinschaft zu formen.

Wenn wir Kindern spielerisch vermitteln, dass andere Kulturen hier vor Ort und überall auf der Welt unterschiedliche Sitten haben, entwickeln sie schon früh ein weltbürgerliches Bewusstsein. Respekt vor dem anderen ist eine gute Basis für ein freudvolles, friedliches Miteinander – das funktioniert bei kleinen und bei großen Menschen.

Wir haben für dieses Buch aus der Fülle spielpädagogischer Angebote einen bunten Strauß praxistauglicher Ideen für die Kita zusammengestellt, für Kinder ab drei Jahren bis ins Vorschulalter. Alles ist leicht verständlich beschrieben und spielend leicht umzusetzen. Einige Angebote sind für den situativen Einsatz gedacht, andere Aktionen brauchen ein wenig Vorbereitung.

Gemeinsam ist allen Angeboten ein geringer Materialaufwand sowie eine große Portion Spielspaß: Sie finden blitzschnelle Kennenlernspiele, Gruppenspiele „mit Gefühl," sorgfältig ausgewählte mehrsprachige Lieder, Spiele, die auch ohne Worte funktionieren, kunterbunte Kreativangebote sowie Spiele aus aller Welt, Praxistipps zum pädagogischen Puppenspiel, und eines nicht vergessen: gemeinsam Frühstück essen.

Hartmut E. Höfele & Susanne Steffe

Hereinspaziert, hereinspaziert … willkommen in der bunten Kita!

Im Eingangsbereich einer Kita gibt es schon allerlei zu sehen. Da hängen Fotos von den Kindern, Namensschilder, selbst gemalte Bilder vom letzten Projekt, die Ergebnisse von Basteleien und allerlei weiteren Aktivitäten.

Jeder, der hereinkommt, erhält auf diese Weise erste Informationen über das pädagogische Konzept, über die Kindergruppen und ihre Zusammensetzung, evtl. über Inklusion, und auch über Aktivitäten, die sich mit interkultureller Erziehung beschäftigen.

An der äußeren Gestaltung des Eingangsbereiches lässt sich bereits erkennen, welche „Normalität“ den Kindern in der jeweiligen Einrichtung unbewusst und bewusst vermittelt wird. Der erste optische Eindruck funktioniert wie eine „Visitenkarte“.

Die in der Gruppe vorhandene Vielfalt spiegelt sich auch in der Raum- und Materialausstattung wider, und im Team soweit eben möglich.

Da Kinder, Eltern und Pädagoginnen alle zuerst durch die Tür hereinspazieren, bevor der Kita-Tag beginnen kann, stehen einige Präsentationsformen für Kitas, in denen interkulturelle Erziehung als pädagogisch wertvolles Element gelebt wird, am Anfang dieses Buches.

Die folgenden Aktionen zeigen Möglichkeiten auf, Einrichtung und Kinder in ihrer ganzen bunten Vielfalt zu präsentieren. Und zwar auf den ersten Blick.

Die Kinder sind an diesem Gestaltungsprozess aktiv beteiligt. Sie machen mit und bringen ihre Ideen ein, sodass sie sich mit ihrer Kita als einem Stück Zuhause identifizieren können.

Die Botschaft, die für jedes Kind, Eltern, Verwandte und sonstige Besucher auf den ersten Blick erkennbar sein soll, lautet: Jeder ist hier etwas Besonderes, alle sind verschieden, und keiner ist weniger wichtig als alle anderen.

Herzlich-willkommen-Girlande

Wenn Kinder aus unterschiedlichen Herkunftsländern, ihre Eltern oder Verwandte schon im Eingangsbereich mit einer selbst gebastelten Plakat-Girlande in ihrer Heimatsprache freundlich begrüßt werden, dann löst dieses Zeichen hoffentlich ein angenehm wohliges Gefühl des „Willkommenseins" aus.

Alter: ab 4 Jahren
Material: Schnur, Tonpapier in verschiedenen Farben, Stifte, Lineal, Schere, Klebstoff
Vorbereitung: Unter dem nachfolgenden Link findet sich die Begrüßung „Herzlich willkommen" in 43 verschiedenen Sprachen auch zum Ausdrucken:
http://www.muenchen.info/soz/pub/pdf/288_herzlich_willkommen.pdf
Daraus lässt sich je nach Zusammensetzung der in einer Einrichtung vertretenen Nationalitäten eine passende Auswahl treffen.
Da die Kinder in dieser Zielgruppe meist noch nicht schreiben können, übernimmt die Spielleitung die Aufgabe, die Grüße auf die Girlandenteile zu übertragen, oder sie kopiert die Grüße hoch. Dann können die Kinder selber grob um den Schriftzug herum ausschneiden und aufkleben.

So geht's: Unterschiedlich lange und breite Streifen, mindestens in Din-A4-Größe, und / oder Dreiecke auf Tonpapier aufmalen und ausschneiden. Nun den Willkommensgruß aufmalen oder -kleben. Streifen / Dreiecke oben abknicken und um eine Schnur kleben.
Gegebenenfalls können die Kinder die Teile auch mit bunten Wäscheklammern an der Schnur befestigen, was einen witzigen optischen Effekt ergibt.

Tipp: Fähnchen sehen auch toll aus. Sie entstehen, wenn am Ende der Streifen jeweils ein Dreieck ausgeschnitten wird. Oder die Kinder lassen sich eine ganz andere Form für ihre Girlande einfallen.

Kita-Familien-Fototafel

Eine Fototafel mit den Abbildern aller Kita-Kinder, eventuell auch samt ihrer aus unterschiedlichen kulturellen Kontexten stammenden Familien, ist ebenfalls eine tolle Möglichkeit, schon im Eingangsbereich Vielfalt zu versinn-bildlichen.

Alter: ab 3 Jahren, mit Unterstützung der Erwachsenen
Material: Familienbilder oder einzelne Porträts aller Kita-Kinder und Bilder von deren Eltern bzw. möglichst zahlreicher Familienmitglieder / Verwandter; Plakatkarton; Schere; Klebstoff; Stifte; schwarze Tonpapierbögen DIN-A4; weißer oder roter Plakatkarton; Permanentstift
Vorbereitung: In einer gemeinsamen Fotoaktion Familien-Gruppenbilder herstellen. Das bedarf zwar einiger organisatorischer Vorarbeit und ist vor allem eine Zeitfrage, aber andererseits bietet diese sehr kommunikative Angelegenheit auch die Chance, dass die Verwandten der Kinder sich untereinander kennenlernen. Möglich ist aber auch, dass die Kinder ein Familienbild mitbringen oder aber die Familie als Collage aus einzelnen Fotos gestalten.

So geht's: Falls die Kinder eine Collage machen, kleben sie ihre Bilder zum Beispiel auf einen schwarzen DIN-A4-Tonpapierbogen. Am unteren Rand lassen sie etwa 5 cm Platz für ihren Namen. Den können viele ja schon schreiben, oder aber die Spielleitung hilft dabei.

Die Collagen werden anschließend auf einem großen Fotokarton zuerst probeweise schön angeordnet und dann festgeklebt.

Tipp: Noch eine kleine Landesfahne dazukleben oder malen, damit jeder sehen kann, wer woher kommt. Und vielleicht das ganze Plakat noch durch gemalte oder aufgeklebte Verzierungen verschönen?

Selbstporträts im Kita-Baum

Eine tolle Aktion und außerdem eine sehr schöne Art der Präsentation. Es macht Spaß zu sehen, wie sich die Kinder selbst malen.

Alter: ab 4 Jahren
Material: Rückseite eines großen Plakates, Plaka-Farben in Brauntönen, weiße Zettel ca. 10 cm x 10 cm, Farben, Stifte, Schere, Klebstoff

So geht's: Zuerst wird auf die Plakat-Rückseite ein großer Baum aufgemalt, der viele Äste haben sollte. Dann malt jedes Kind ein Selbstporträt – nur den Kopf – auf einen Zettel.
Die Porträt-Zettel werden wenn möglich noch ein wenig in Blattform geschnippelt, und dann an die Äste des Baumes geklebt.

Variante 1: Immer zwei Kinder malen sich gegenseitig.
Variante 2: Fotos statt Selbstporträts als Blätter an die Äste kleben.

Schnippschnapp-Scherenschnitt-Bande

Jedes Kind gestaltet seine ganz eigene „Kinderkette" mit Kindern aus aller Welt. Neben dem dekorativen Aspekt bietet die Bastelei eine tolle Möglichkeit, den Kindern vor Augen zu führen, dass wir Menschen zwar alle verschieden aussehen, aber eben doch alle Menschen sind, egal wo wir herkommen.

Alter: ab 4 Jahren
Material: Papier z. B. aus dem Malblock, Schere, Buntstifte in verschiedenen Hautfarben, Filzstifte in allen möglichen Augen- und Haarfarben, Schere, Plätzchen-Ausstechform Herz, Doppelklebeband

So geht's: Zuerst das Papierblatt quer legen und wie eine Ziehharmonika in 4 Teile falten. Dazu kann man zuerst in der Mitte falten, und dann noch mal, damit die Knicklinien sichtbar werden.
Auf das oben liegende Blatt eine menschliche Figur mit ausgebreiteten Armen aufmalen – ganz einfach und stilisiert.
Dann mit der Schere den Umriss der Puppe ausschneiden, und zwar durch alle vier Papierschichten und dabei – Achtung!, das ist der Trick – die Arme jeweils durch die Papierfalte verbunden lassen.
Damit es keinen Frust gibt, sollten die Erwachsenen den Kleineren hierbei helfen.

In einem Gesprächskreis überlegen anschließend alle zusammen, welche Hautfarben, Augen- und Haarfarben Menschen haben können. Es gibt blonde, braune, rote, schwarze Haare, blaue, grüne, braune Augen usw.

Danach dürfen die Kinder ihre Puppen entsprechend ihrer Vorstellungen anmalen. Sie bekommen eine Hautfarbe, Haare, Augen, Nase, Mund usw.

Sind die Puppen angemalt, geht es wieder in einen Gesprächskreis. Dort erklärt die Spielleitung, dass Menschen zwar ganz verschieden aussehen können, aber alle haben eines gemeinsam, nämlich ein Herz.

Das Herz für jede ihrer Puppen zeichnen die Kinder anschließend mit Hilfe des Förmchens auf Papier. Sie malen es rot an und schneiden es aus. Mit einem kleinen Stückchen Doppelklebeband wird das Herz nun auf der unbemalten Seite der Püppchen aufgeklebt.

Das Endresultat sind vier Menschenfiguren, die fest verbunden sind und die alle ein großes Herz haben, obwohl sie so unterschiedlich aussehen.

Ist das nicht eine schöne Botschaft?

Tipp: Auch mal eine total verrückte Kinderkette gestalten. Vielleicht mit karierten, gestreiften und gepunkteten Figuren?

Kitapiepmätze-Fingerdruck

In einer lustigen und kreativen Fingerdruck-Bastel- und Malaktion entstehen die lustigsten kleinen Kita-Piepmätze. Und alle sitzen auf den Leinen – bis auf einen. Denn ein komischer Vogel tanzt ja bekanntlich immer gerne aus der Reihe, oder?

Alter: ab 3 Jahren
Material: Papier, Bunt- oder Filzstifte, Fingerfarben oder Plakafarben, Pinsel, Wasserbehälter, Schwämmchen, Küchenpapier

So geht's: Das Blatt hochkant hinlegen und von einer Seite zur anderen drei leicht durchhängende Leinen aufmalen. Der Abstand zwischen den Leinen ist variabel, solange noch Piepmätze dazwischen passen.
Die Piepmätze, die sich auf den Leinen tummeln, bekommen zuerst Körper und Kopf, und zwar bestehen diese aus einem farbigen Fingerabdruck.
Der Fingerabdruck sollte aber nicht direkt an die Leine anstoßen, denn ein Vogel hat ja auch Füße. Die Kinder malen diese Füße an den Körper, dazu Flügel und einen Schwanz. Das macht jeder, wie er möchte. Hier ist Fantasie gefragt und Kreativität. In den Fingerdruck malen sie auch Äugelein und Schnabel.
Vielleicht probieren die Kinder das Drucken vorher auf einem Blatt Schmierpapier aus. So lernen sie recht schnell, wie viel Farbe sie brauchen, welcher Finger sich am besten für den gewünschten Piepmatz eignet usw.
Und nicht vergessen: Nach dem Drucken den Finger sauber wischen!
Man kann lauter einfarbige Piepmätze auf die Leinen setzen oder lauter verschiedene.
Der Clou kommt aber noch: ein bunter Piepmatz wird irgendwo in das Blatt gesetzt, wo er dann frech herumflattert.

Jahres-Türkranz Kinderhände

Diese Bastelei erfordert ein wenig Fingerfertigkeit, von daher haben Vorschulkinder richtig Spaß dran. Bei den Kleineren ist etwas Unterstützung notwendig. Das Ergebnis ist jedenfalls einfach rundherum überzeugend und schön. Es signalisiert auf den ersten Blick die Rundum-Verbundenheit zwischen den Kita-Kindern.

Alter: ab 4 Jahren, mit Unterstützung der Erwachsenen
Material: Tonpapier in verschiedenen Farben, Schere, Stift, Klebstoff, Permanentstift

So geht's: Eine Hand mit gespreizten Fingern und abgespreiztem Daumen auf das Tonpapier legen. Mit dem Stift den Umriss nachzeichnen.
Dann mit den anderen farbigen Papieren ebenso verfahren.
Achtung: Immer daran denken, dass für einen Kranz entweder nur jeweils linke oder nur rechte Handabdrücke funktionieren!
Die zwölf Hände ausschneiden, also einen für jeden Monat im Jahr.
Die Hände schon mal probeweise zu einem Kranz zusammenlegen, sodass die Daumen überlappen. Zusammenkleben.

Unsere Kita-Essenspyramide

Essenspyramiden sind eigentlich eine feine Sache und hängen in vielen Einrichtungen. Damit wird signalisiert, dass gesunde Ernährung wichtig ist und die Kinder auch dahingehend motiviert werden. Alles wunderbar. Aber: Wenn so eine Pyramide in der Kita aufgehängt wird, stellt sie meist nur die in Deutschland üblichen Lebensmittel dar. Viele gesunde oder überhaupt Lebensmittel, die ausländische Kinder zu Hause essen, fehlen. Das lässt sich ändern, indem die Kinder zusammen ihre eigene Pyramide mit „ihren" Lebensmitteln zusammenstellen. Die sieht dann in jedem Kindergarten etwas anders aus.

Alter: ab 4 Jahren
Material: große weiße Blätter, Filz- und Buntstifte

So geht's: Den Umriss der Pyramide und die Unterteilung nach dem Vorbild nachzeichnen.
In Absprache mit der Spielleitung werden in der Pyramide anstelle der „deutschen" Produkte andere eingesetzt bzw. aufgemalt.

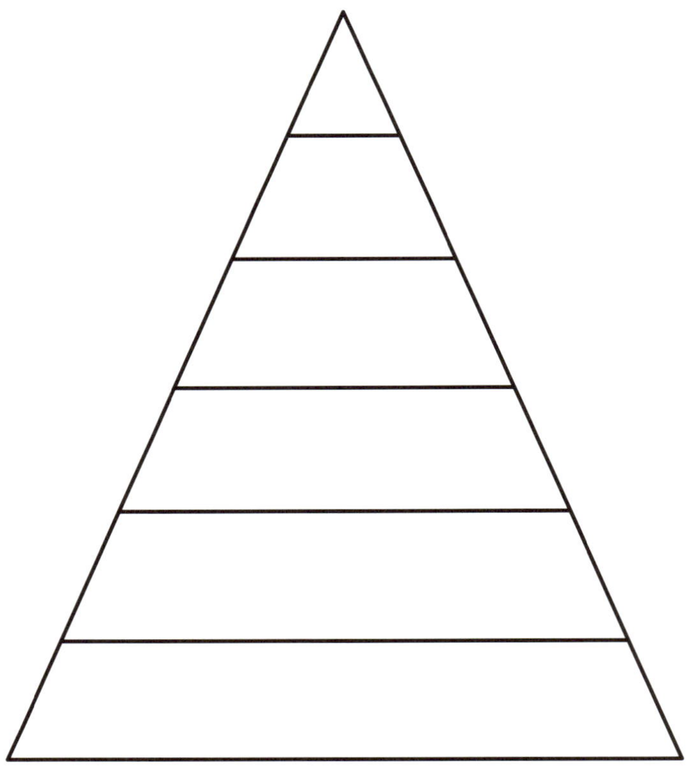

ÖL

Eisbrecher- & Kennenlernspiele

Eine Gruppe, egal welcher Zusammensetzung, kann nur dann wirklich zusammenfinden, wenn die Kinder die Gelegenheit bekommen, einander gut kennenzulernen.
Das funktioniert z. B. über Kennenlern- und Eisbrecherspiele, die die Annäherung ganz praktisch vereinfachen. Spaß bringt die meisten Kinder nun mal recht schnell auf einen gemeinsamen Nenner.
Eisbrecherspiele sind im Prinzip eine Form von Kennenlernspielen, bei denen es eher darum geht, miteinander warm zu werden. Sie schärfen die Aufmerksamkeit für den anderen und erleichtern ein motiviertes Arbeiten in der Gruppe. Wenn die Kinder erst mal auftauen, ist das Eis gebrochen.
Dabei sollte jedes Kind in seiner Individualität als etwas Besonderes wahrgenommen werden, und alle zusammen als gleichwertig.
Das Bewusstsein, dass ein Kind so in Ordnung ist, wie es ist, schafft das nötige Selbstvertrauen für einen freien und gelassenen Umgang mit den anderen.
Wertschätzung und Offenheit für das, was andere mitbringen, wird durch diese Spiele ebenfalls gefördert.
Kommt ein Kind neu in eine Kita-Gruppe, ist ein nettes Begrüßungsritual, bei dem alle beteiligt sind, ein toller „Eisbrecher“, sofern es nicht zu lang ist. Einige „Neue“ sind noch verschüchtert und wollen nicht gleich stundenlang im Mittelpunkt der Aufmerksamkeit stehen.
Eine Aktion, die sich dem Herkunftsland oder auch Ort der oder des „Neuen“ widmet, kommt immer gut an. Alle zusammen könnten zum Beispiel ein Lied singen (Anregungen siehe S. 62 ff.).

Guten Tag, ich komme aus …

Die Kinder stellen sich vor und begrüßen sich immer nach dem Vorbild dessen, der gerade „dran“ ist. Zuerst läuft das ganz „normal“ ab, aber dann wird Quatsch gemacht, bis sich schließlich alle vor Lachen – hoffentlich nicht – in die Hosen machen. Spätestens dann ist das Eis gebrochen, womit dieses Eisbrecherspiel seinen Namen auch wirklich verdient hat.

Alter: ab 3 Jahren

So geht's: Die Kinder stellen sich in einer Reihe auf.
Die erste Spielerin geht vor die Reihe und stellt sich mit „ihrem“ Gruß vor, z. B.: *„Guten Tag, ich komme aus Deutschland.“*, oder *„Grüß Gott, ich komme aus Österreich.“* oder *„Bonjour, ich komme aus Frankreich.“*, oder *„Salaam Aleikum, ich komme aus Syrien.“*
Alle anderen Kinder wiederholen anschließend den Gruß in der jeweiligen Sprache.
Die Spielerin geht wieder in die Reihe und das nächste Kind stellt sich vor.
In der zweiten Runde dürfen die Kinder sich Quatschbegrüßungen einfallen lassen, zum Beispiel: *„Hatschi, ich komme aus Schniefenhausen.“* oder: *„Wuff, wuff, wau, wau, ich komme aus dem Fifiland.“*
Diese Begrüßungen dürfen auch in der eigenen Muttersprache erklingen. Da dürfen alle anderen mal ihre Mundmotorik anstrengen, um etwas in einer Fremdsprache nachzusprechen.
Wer ganz schüchtern ist oder wem nichts einfällt, darf auch gerne seinen Gruß aus der ersten Runde wiederholen.

Fluffy-Begrüßung

Bei diesem Spiel werden einzelne Körperteile begrüßt, und zwar von einem fluffigen Stofftier. Das dient der Erweiterung des Wortschatzes, schult die Körperwahrnehmung und schafft eine gute und gelöste Stimmung. Es ist für viele Kinder einfacher, Berührungen durch ein Plüschtier zuzulassen, als die von realen fremden Menschen, vor allem von Erwachsenen.

Alter: ab 3 Jahren
Material: ein kleines Plüschtier, das die Kinder gemeinsam aussuchen und dem sie einen Namen geben. Wir nennen es hier mal „Fluffy".

So geht's: Die Kinder setzen sich in einen Stuhlkreis. Die Spielleitung übernimmt Fluffy. Sie geht zu einem Kind im Kreis.
Fluffy streichelt das Kind auf der Nase und sagt: „*Hallo, ich begrüße deine Nase.*"
Dann übergibt die Spielleitung Fluffy diesem Kind, das wiederum mit Fluffy das nächste Kind an der Nase streichelt und ebenfalls das Sprüchlein dazu sagt.
Und so streichelt Fluffy alle Kinder reihum an der Nase.
Das Spiel könnte dann enden, oder es geht mit einem anderen Körperteil weiter.
Fluffy kann auch einen Kuss auf die Backe geben – schmatz – oder an einem Ohr zupfen, oder …

Tipp: Mehr Anregungen und Ideen zum Einsatz von Puppen im Spiel mit Kita-Kindern im Kapitel „Pädagogisches Puppenspiel", S. 80 ff.

Alle in einer Reihe

Die Kinder sollen sich nach bestimmten Kriterien in einer Reihe „sortieren“ – je nachdem kann der eigene Platz mal am Anfang, in der Mitte oder ganz am Ende dieser Reihe sein. Die Fragestellung richtet sich dabei nach dem Alter der Kinder. Wir machen hier einige Vorschläge, die hoffentlich zu weiteren selbst ausgedachten Sortierkriterien anregen.

Alter: ab 4 Jahren

So geht's: Die Kinder sortieren sich zum Beispiel:

- nach Größe
- nach Größe der Füße
- nach Größe der Hände
- nach Haarfarbe – von hell bis dunkel (oder umgekehrt)
- nach Augenfarbe – von hell bis dunkel

und stellen sich in einer Reihe auf. Sobald alle Spieler stehen, überprüft die Spielleitung die Reihenfolge und nennt das nächste Kriterium.

Die Küchenuhr – was sagt sie nur?

Ein flottes Kennenlernspiel für eine größere Gruppe, das auch als Vorstellungsrunde zu Beginn einer Veranstaltung gut funktioniert.

Alter: ab 4 Jahren
Material: Küchenuhr (Eieruhr)

So geht's: Die Gruppe steht im Kreis. Eine Küchenuhr wird durch die Runde gereicht. Die Uhr ist auf zwei Minuten gestellt. Die Zeit läuft.
Jeder Mitspieler gibt bei jeder Runde mit dem schnellen Weiterreichen der Küchenuhr gleichzeitig eine kurze Information über sich. Zum Beispiel:

Runde eins: Den eigenen Vornamen nennen und die Uhr schnell weitergeben.
Wenn der Wecker klingelt, geht es in die nächste Runde.
Runde zwei: Das Lieblingsessen nennen und die Uhr schnell weitergeben.
Runde drei: Das Lieblingstier nennen und die Uhr schnell weitergeben.

Schuhschuhschuh

Warmherziges Begrüßungsspiel für die kalte Jahreszeit.

Alter: ab 4 Jahren
Material: Handschuhe (oder Schuhe) von allen Kindern, Sack (kann auch ein ausgedienter Kopfkissenbezug sein oder ein großer Stoffrest)

So geht's: Jedes Kind fischt zwei einzelne Handschuhe aus dem Sack heraus und zieht sie an.
Wenn alle Kinder Handschuhe anhaben, sucht jeder nach einem Kind, das den anderen passenden hat. Beide fassen sich dann an den (zusammenpassenden) Händen.
Mit fortlaufender Spieldauer entsteht ein Kreis, bei dem immer die passenden Handschuhe zusammen sind.

Have you ever?

Hier geht es darum, die Vielfalt der Erfahrungen kennenzulernen, mit denen die Kinder als Mitglieder einer Gruppe diese bereichern.

Alter: ab 5 Jahren

So geht's: Die Gruppe bildet einen Kreis.
Die Spielleitung stellt verschiedene Fragen, die nicht von jedem mit Ja beantwortet werden können. Dabei ist darauf zu achten, dass keine peinlichen Fragen dabei sind, aber das versteht sich von selbst.
Die Kinder, die die Frage mit „ja" beantworten, rennen danach in die Kreismitte, hopsen in die Luft und geben sich gegenseitig „die Fünf".

Hier eine Liste möglicher „Hast-du-schon-mal-Fragen" ...

- Hast du schon mal zwei verschiedene Socken angezogen?
- Hast du schon mal süße Pizza gegessen?
- Hast du schon mal einen Kopfstand gemacht?
- Hast du einen Bruder und auch eine Schwester?
- Hast du schon mal auf einem Pferd gesessen?
- Hast du schon mal mit den Ohren gewackelt?

Wem gehört denn dieses Auge?

Das folgende Spielchen schult bei den Kindern den Sinn fürs Detail und die Beobachtungsgabe. Gleichzeitig wird aber auch klar, wie einzigartig jeder Mensch ist. Denn nur Kati hat bernsteinfarbene Mandelaugen, und nur Jens hat so hellblaue Augen. Aber Magnus ist am leichtesten zu erkennen, denn er hat sogar zwei verschiedenfarbige Augen. Eins ist grün und eins ist braun. Solche Details prägen sich schnell ein und erleichtern den Prozess des Kennenlernens.

Alter: ab 3 Jahren (mindestens 5 Mitspieler)
Material: weißes, undurchsichtiges Bettlaken oder Tuch; Schere; Wäscheleinen; Wäscheklammern
Vorbereitung: Die Spielleitung schneidet in Augenhöhe der Kinder ein kleines Loch in den Stoff und befestigt das Tuch, z. B. mit Wäscheklammern, an einer Leine.

So geht's: Die Kindergruppe stellt sich auf eine Seite des Lakens. Ein Kind geht auf die andere Seite.
Die Gruppe sucht nun ein Mitglied aus, welches sein Auge an das Laken hält. Aber nur das Auge soll zu sehen sein, nicht etwa noch eine Nasenspitze.
Das Ratekind soll nun anhand des Auges herausfinden, wer sich hinter dem Laken versteckt und den Namen dieses Kindes nennen.
Variante: Nase oder Ohr oder Hand oder Fuß durch das Loch stecken und dann raten.

Mein Name ist ganz wichtig

Den eigenen Vornamen können viele Kita-Kinder schon schreiben, obwohl sie diese Kunst ansonsten noch nicht beherrschen. Der Name gehört auf jeden Fall zum Prozess des Kennenlernens dazu. Die folgende Aktion dient dazu, dass die Kinder begreifen, wofür und warum ihre Namen wichtig sind. Sie lernen dabei auch, dass diese eine Bedeutung haben können.

Alter: ab 5 Jahren
Material: Blätter, Stifte, Namensbücher
Vorbereitung: Alle Kinder üben, ihren Vornamen zu schreiben.

So geht's: Jedes Kind malt seinen Namen auf ein Blatt Papier.
Dann wird gemeinsam mit der Spielleitung jedes Kind mit Namen vorgestellt.
Alle versuchen herauszufinden, was der Name bedeuten könnte, wo er herkommt, wo die Familie herkommt usw. und warum er genau zu diesem Kind passt.
Die Spielleitung übernimmt die Regie und bringt schließlich mit Hilfe eines Namensbuchs die Wahrheit ans Licht. Danach wissen alle, was der Name Fatima bedeutet oder Lena oder Noah oder …

Na-men kla-tschen

Silben klatschen macht Spaß, fördert Rhythmus- und Sprachgefühl und dient in unserem Fall auch dazu, sich Namen und deren Träger zu merken. Dieses Spiel eignet sich gut für den Morgen- oder Stuhlkreis.

Alter: ab 4 Jahren

So geht's: Die Kinder sagen nacheinander ihren Vornamen und klatschen ihn in Silben. Zum Beispiel Sa-bi-na. Oder Mo-ham-med oder Tim. Nachdem ein Kind sich vorgestellt hat, wiederholen die anderen die vorgegebene Silbenklatscherei.
Erweiterung für Vorschulkinder: Die Spielleitung klatscht einen Silbenrhytmus vor. Alle Kinder, deren Namen zu diesem Rhythmus passt, stehen auf.

Name und Ball

Ein Kennenlernspiel, für das doch ein wenig Konzentration nötig ist, vor allem, wenn es etwas schneller gespielt wird.

Alter: ab 5 Jahren
Material: Softball

So geht's: Die Kinder bilden einen Spielkreis. Ein Kind bekommt den Ball.
Die Spielleitung erklärt noch mal rechts-links.
Das Kind mit dem Ball nennt zuerst den Namen seines rechten Nachbarn und dann den eigenen, z. B.: „*Das ist Maya, ich bin Paul*“ und gibt dann den Ball an den linken Nachbarn weiter.
Dieser nennt wiederum den Namen seines rechten Nachbarn, in diesem Fall also Maya, dann seinen eigenen und gibt den Ball an den linken Nachbarn weiter usw.

Famory – ein interkulturelles Familien-Bildkartenspiel

Vom Prinzip her funktioniert „Famory" wie das bekannte Memory, bei dem Bildpaare gesucht werden. Hier geht es nun um die Familien und deren Besonderheiten. „Famory" bietet schöne Anlässe zu Gesprächen mit Kindern über ihre Familie.

Alter: ab 4 Jahren
Material: pro Kind jeweils ein Porträtfoto und ein Bild von der Familie (die Bilder müssen alle gleich groß sein), Pappe, Schere, Klebstoff
Vorbereitung: Die Bilder auf Pappe kleben und ausschneiden. So wird das Ganze stabiler und lässt sich mehrmals verwenden. Außerdem gibt es keine Knicke, an denen Schlaumeier mit einem guten Gedächtnis sich orientieren können.

Wer gehört zu wem?
Ein Bild zeigt eine Familie, das andere Bild zeigt das dazugehörige Kind. Die Karten mischen und verdeckt in der Tischmitte auslegen.
Durch Aufdecken von je zwei Karten soll nun herausgefunden werden, welches Kind zu welcher Familie gehört. Wer eine Familie komplett hat, darf noch mal zwei Karten aufdecken. Ansonsten ist der nächste Mitspieler an der Reihe.

Mit viel Gefühl – Spiele, Aktionen & eine Geschichte

In einer Zeit, in der mehr und mehr Kinder mit Migrationshintergrund in die Kitas aufgenommen und eingegliedert werden, ist es noch wichtiger, den besonderen Fokus darauf zu lenken, dass alle gemeinsam lernen, ein sogenanntes „prosoziales“ Verhalten zu entwickeln.

Dazu gehört als Basis ein warmherziger, unterstützender und liebevoller Umgang durch die betreuenden Personen. Diese vermitteln den Kindern Akzeptanz, Geborgenheit und Sicherheit. Ist das gewährleistet, kann sich auf solch fruchtbarem Nährboden zwischen den Kindern das zarte Pflänzchen namens Vertrauen gut und frei entwickeln.

Eine harmonische Gruppe selbstbewusster und einander respektierender Individuen zu schaffen erleichtert allen den Alltag und das Leben. Das gilt nicht nur für die Kinder, sondern auch für Pädagoginnen.

Die Entwicklung in dieser Richtung lässt sich durch entsprechende Spiele und Aktionen gut unterstützen, von denen wir auf den folgenden Seiten einige vorstellen.

Ich lauf in deinen Mokassins

Eine spielerische Übung zur Förderung des Einfühlungsvermögens und der Empathie. Um sich in jemanden hineinfühlen zu können, so sagen die Indianer Nordamerikas, muss man erst mal eine Weile in dessen Mokassins, also in dessen Schuhen, laufen. Was das genau bedeutet, finden die Kinder nun heraus.

Alter: ab 4 Jahren
Material: ein schönes Freigelände, sei es Spielplatz, Park oder Wiese, evtl. Indianerverkleidung

So geht's: Die Kinder sind „Indianer" und bilden Spielpaare. Sie können sich auch gegenseitig tolle Indianernamen geben.
„Schlauer Bär" tappst voraus. „Stolzer Adler" folgt ihm und macht „Schlauer Bär" alles nach: Jede Bewegung bekommt also sofort ein Echo.
Nach zehn Minuten (oder einem anderen ausgewählten Zeitrahmen) werden die Rollen getauscht.

Zum Schluss wird im Gespräch reflektiert, wie sich das angefühlt hat, welche Bewegungen vertraut waren oder fremd oder überraschend.

Was sagt mir das Gesicht?

Dies ist eine andere schöne Möglichkeit, die Befindlichkeit mittels eines selbst gebastelten Gesichtes mitzuteilen. Mit diesem Gesicht lassen sich alle möglichen Emotionen darstellen. Es kann traurig gucken oder böse oder „so lala“ und bietet sich überall da an, wo Gefühle in der Kita thematisiert werden sollen.

Alter: ab 5 Jahren
Material: 6 Musterklammern, weiße Pappe, runde Pappe in ca. Tellergröße (Untersetzer für Torten eignen sich super), Schere, Klebstoff, dicke Nadel, Zwirn, Stift, Filzstifte, Tonpapierreste

So geht's: Die runde Pappe ist das Gesicht.
Für die Augen ein Auge auf Pappe aufmalen, ausschneiden, gucken, ob die Größe passt. Eventuell korrigieren und dann das Auge als Vorlage für das zweite benutzen. Die Augen bekommen noch eine Iris, entweder aus farbigem Tonpapier ausgeschnitten und aufgeklebt oder mit Filzstift aufgemalt.
Dann die Augen schon mal probeweise auflegen.
Die Augenbrauen bestehen aus zwei gleich großen rechteckigen Balken, die auf Karton aufgemalt und ausgeschnitten werden.
Für die Bäckchen zwei gleich große Kartonkreise aufmalen (z. B. mit Hilfe eines Eierbechers) und ausschneiden. Die eine Seite rosa anmalen. Auf die andere Seite eine dicke Träne aufmalen.
Für die Nase ein Dreieck auf Pappe malen und ausschneiden. Die Nase darf gerne auch farbig beklebt oder angemalt werden.
Nun fehlt noch der Mund. Dafür einen Kreis auf Papier malen und den Kreis ca. dritteln. Ein Drittel des Kreises mit einer Geraden und einer Biegung ausschneiden.

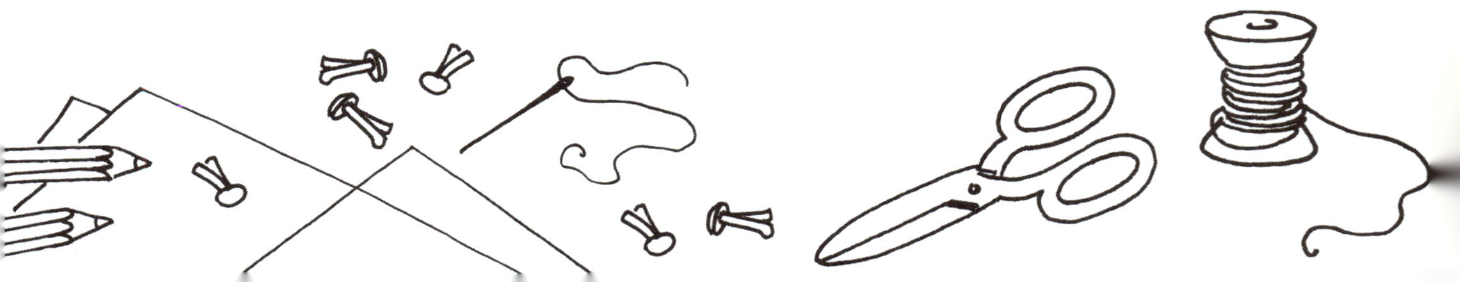

Alle Gesichtsteile probeweise auflegen und so positionieren, dass das Gesicht gefällt.
Dann mit der dicken Nadel jeweils in die Mitte beider Augen, Augenbrauen, des Mundes Löcher bohren und die Pappe drunter ebenfalls durchbohren.
Die Teile anschließend mit Musterklammern fixieren, die von der Vorder- zur Rückseite durchgeschoben werden. Die Nase festkleben.
Die Backen samt der Pappe unten drunter ebenfalls durchbohren, aber nicht mit Musterklammern, sondern mit Zwirn an der Rückseite durch Festknoten so fixieren, dass die Bäckchen sich an der Vorderseite umdrehen lassen.
Die Spielleitung unterstützt dabei, denn Knoten machen ist nicht immer so einfach.

Mimische Gesten bzw. der Gesichtsausdruck kann einem Beobachter Informationen über unsere Stimmung und unser Befinden übermitteln, z. B.: Augen rollen oder die Pupillen nach oben richten bedeutet einer Sache überdrüssig sein, Augenbrauen hochziehen heißt eher skeptisch sein ...

Laune Bär

Mit dem selbst gebastelten Laune-Bären kann jedes Kind kundtun, wie es um selbige bestellt ist. Das ist manchmal einfacher, als den Gemütszustand in Worten zu beschreiben. Auch Kinder, die wenig Deutsch können, können so vermitteln, wie es um ihre Laune bestellt ist.
Diese Bären können auch für ein tägliches Ritual Verwendung finden, sei es im Morgenkreis oder zu irgendeiner anderen „Laune-Bär-Zeit".

Alter: ab 4 Jahren
Material: Schere, weißer dünner Karton, Vorlage

So geht's: Jedes Kind schneidet nach Vorlage seinen Bären aus und klebt ihn auf Karton, der dann nochmals ausgeschnitten wird, damit der Bär stabil ist.
Die zwei markierten Linien am Kopf des Bären einschneiden. Den Streifen mit den Laune-Gesichtern ausschneiden, durch die Laschen am Kopf des Bären durchschieben und evtl. hinten zusammenkleben.

Jede Menge gefühlte Gefühle

Alle Menschen haben jede Menge Gefühle, Kinder und Erwachsene. Egal woher sie kommen. Egal ob sie arm sind oder reich. Egal wie sie aussehen. Und diese Gefühle sind ganz wichtig. Nicht nur dass wir sie haben, sondern auch, dass wir sie bei unseren Mitmenschen wahrnehmen und darauf reagieren können. Aber was gibt es überhaupt für Gefühle? Und wie fühlen sie sich an?

Alter: ab 5 Jahren

So geht's: Die Kinder stehen im Kreis und eines geht in die Mitte. Es nennt ein Gefühl, z. B. „Ich bin traurig", und stellt sich dann vor eine Mitspielerin.
Die beiden tauschen nun den Platz, und alle Kinder versuchen, dieses Gefühl mimisch-pantomimisch auszudrücken.
Die Spielleitung fragt anschließend: *„Wie fühlt sich das denn an, wenn man traurig ist? Schön oder nicht schön?"*
Das nächste Kind geht danach, während es ein neues Gefühl benennt, zu einem wieder anderen usw.
Dabei darf aber keiner das Gefühl nennen, das direkt vor ihm gesagt wurde.
Fällt einem Kind in der Mitte nichts ein, dürfen die anderen helfen.
Wenn es kein Gefühl mehr gibt, das die Kinder kennen, hilft die Spielleitung weiter.

Wutweg-Klopperei

Manchmal brauchen Kinder Spiele, bei denen sie sich richtig austoben und dabei auch Aggressionen loswerden können. Das folgende erfüllt diesen Zweck, und es macht auch noch ganz viel Spaß. Die Kinder können sich auf faire Weise kämpferisch messen und ihre Kraft spüren, ohne dass sie sich oder andere in Gefahr bringen. Und: Es gibt Sicherheit durch klare Regeln, sodass Grenzen gesetzt werden.

Alter: ab 5 Jahren
Material: Schwimmwürste oder andere ca. 1 m lange Schaumstoffstangen, klar begrenzte „Arena“, z. B. draußen mit Seilen abgegrenzt oder in der Turnhalle mit Matten; Pfeife

So geht's: Die Kinder kämpfen paarweise nacheinander.

Hände spüren

Ein Spiel für die taktile Wahrnehmung, zu dem Vertrauen gehört, denn es fällt nicht jedem Kind leicht, sich von den Händen anderer berühren zu lassen.
Insofern ist es am besten, die Gruppen zunächst einmal so zu gestalten, dass die Kinder jeder Gruppe sich gut leiden können. Sollte ein Kind das Spiel verweigern, kann es auch zuschauen.
Bei diesem Spiel wird die taktile Wahrnehmung übrigens noch durch Ausschaltung des Sehsinns verstärkt.

Alter: ab 4 Jahren
Material: Augenbinde

So geht's: Die Kinder bilden einen Spielkreis.
Jedes Kind sucht nun vier andere aus, mit denen es dieses Spiel spielen möchte.
Der erste Mitspieler geht in die Kreismitte und bekommt die Augen verbunden.
Die Spielleitung zählt bis drei.
Dann legen die vier ausgewählten Spielpartner entweder keine Hand, eine Hand oder beide Hände auf das Kind in der Kreismitte.
Wichtig ist dabei, die Hände überall auf dem Körper zu verteilen.
Wie viele von acht möglichen Händen spürt das Ratekind?
Wenn Kinder noch nicht zählen können, lautet die Frage: *„Wo überall spürst du eine Hand auf deinem Körper?"*
Wenn richtig geraten wurde, darf das nächste Kind in die Kreismitte.

Summ, summ – Summen

Ein Fünf-Minuten-Spiel, das aufzeigt, wie sich viele disharmonische Klänge zu einem völlig harmonischen Klang zusammenfinden. Die Erfahrung dieses Einklangs stärkt das Gemeinschaftsgefühl in der Gruppe. Alle fühlen sich „eins", obwohl doch jeder einzigartig ist.

Alter: ab 4 Jahren

So geht's: Alle stellen sich im Kreis auf und schließen die Augen.
Die Spielleitung sagt: „*Wir machen eine Reise ins Land der verzauberten Töne. Dort schwirren unzählige Töne herum. Hört ihr sie?*
Nein. Aber keiner kann sie hören, denn sie sind stumm.
Nun warten die Töne darauf, dass sie endlich von euch Menschenkindern befreit werden.
Wenn sie sich dann zu einem einzigen Ton zusammen finden können, ist der Zauber gebrochen.
Also: Stellt euch einen beliebigen Ton vor – und probiert, ihn ganz festzuhalten.
Dann Luft holen – und alle fangen gleichzeitig an, ihren ganz eigenen Ton zu summen."

Das ergibt am Anfang misstönende Dissonanzen, da die Kinder ihren Ton ganz genau halten und nicht davon abweichen sollten.
Aber: Nach weniger als zwei Minuten schwingt die schönste Harmonie im Raum – unausweichlich.

Haben die Kinder sie alle genau gehört?
Und haben sie ihren eigenen Platz darin wahrgenommen?

König Rappelrot, König Sonnengelb und König Himmelblau

Diese Vorlesegeschichte von den drei Farbenkönigen handelt von Emotionen und zeigt sehr deutlich auf, was passieren kann, wenn Leute meinen, sie seien allen anderen überlegen. Dann sitzen sie ganz einsam und alleine da. Aber zum Glück gibt es ja Drachen, die dafür sorgen, dass am Ende alles wieder gut wird. Kita-Kinder können anhand dieser Geschichte darüber hinaus lernen, wie die Grundfarben heißen und was dabei herauskommt, wenn man sie mischt. Das lässt sich mit Wasserfarben gleich mal ausprobieren. Oder die Kinder nehmen Folien in den drei Grundfarben und legen immer zwei übereinander.

In der Anderswelt, wo alles ganz anders ist als bei uns, da gab es mal drei verschiedene Königreiche: ein rotes, ein gelbes und ein blaues.
Im roten Reich wohnte der König Rappelrot.
Im gelben hauste der König Sonnengelb.
Und im blauen regierte der König Himmelblau.
Jeder hatte sein eigenes Land und sein eigenes Volk in seiner eigenen Farbe.
Die Leute bei König Sonnengelb waren alle gelb, die bei König Himmelblau alle blau, und die bei König Rappelrot waren alle rot.
Wunderschön wäre es in der Anderswelt gewesen, wenn die drei Könige sich nur untereinander vertragen hätten. Aber sie konnten sich gegenseitig nicht leiden. Das kam daher, dass jeder König glaubte, seine Farbe sei die schönste. Sein Reich, sein Volk und er selbst natürlich auch.
Die anderen beiden Könige sollten das doch bloß jetzt endlich mal zugeben. Aber das war unmöglich, denn die dachten ja genauso.
Und deswegen gab es immer wieder Streit.

Kaum spazierte König Rappelrot an der Grenze zum gelben Reich entlang, tauchte König Sonnengelb auf und rief: „Pfui. Wie bist du doch so rot und hässlich. Ich dagegen strahle in leuchtendem Gelb. Und mein Volk auch! Wie sind die Schönsten!"
„Pah", entgegnete König Rappelrot, „wenn hier einer hässlich ist, dann du. Ich hingegen leuchte so rot wie das Feuer und bin sowieso der Schönste. Und mein Volk auch."
Dann tauchte auch noch der König Himmelblau auf, denn was er da gehört hatte, ärgerte ihn gewaltig. „Seid bloß still", rief er, „am Schönsten bin ja wohl immer noch ich. Und mein Volk natürlich auch. Ihr seid beide scheußlich. Versteckt euch am besten da, wo euch keiner sieht, denn ihr beleidigt meine Augen!"
Und schon war wieder der schönste Streit im Gange. Schließlich verbot jeder König dem anderen, auch nur einen Fuß in sein Reich zu setzen. Und jeder schaffte sich zwei riesige Drachen an, um die Grenze zu bewachen. Die spuckten, wenn sie wütend wurden, rotes, gelbes und blaues Feuer.
Aber eigentlich waren diese Drachen ganz friedlich. Sie lümmelten an der Grenze herum und langweilten sich. Was ging sie denn die Streiterei der Könige an? Und welche Farbe nun die schönste sein sollte, blau, gelb oder rot, das war ihnen ganz egal. Sehnsüchtig schielten sie über die Grenzen, weil sie so große Lust hatten, mit den anderen Drachen zu spielen.
Irgendwann trafen sich dann alle Drachen heimlich in der Dunkelheit, die gelben, die blauen und die roten. Sie spielten die ganze Nacht und wurden schnell gute Freunde.
Die beiden blauen Drachen aber verliebten sich bis über die blauen Ohren: der eine in einen gelben, der andere in einen roten. Und der zweite rote Drache schenkte sein glühend rotes Herz dem anderen gelben.
Bald darauf bauten die verliebten Drachen drei riesige Nester aus Gras und Zweigen, und in jedes legten sie drei schöne Dracheneier. Die Nester bewachten sie dann alle zusammen. Und da verstanden sie keinen Spaß. Kaum wagte sich jemand auch nur in die Nähe der Dracheneier, spuckten sie jede Menge blaues, rotes und gelbes Feuer. Die glühenden Funken sprühten nur so vom Himmel herunter. Das sah sehr gefährlich aus. Da bekamen es die Leute mit der Angst zu tun, und keiner traute sich mehr von zu Hause weg – nicht mal die Könige.
Ratlos saßen König Rappelrot, König Sonnengelb und König Himmelblau jeder in seinem eigenen Land – in seinem Schloss – auf seinem Thron. Ganz allein.

Alle drei starrten trübsinnig aus dem Fenster, als plötzlich drei winzige Drachen in ihrem Garten auftauchten. Ein Drache war leuchtend orange, einer zart violett und einer so grün wie frisches Gras.
Vor lauter Staunen blieb allen drei Königen der Mund offen stehen.
Aber dann fingen sie vor Freude an zu lachen, denn es sah ja zu lustig aus, wie die kleinen Drachen fröhlich im roten, blauen und gelben Gras herumkugelten.
König Rappelrot, König Sonnengelb und König Himmelblau waren so begeistert, dass sie darüber sogar ihren Streit vergaßen. Sie telefonierten alle miteinander und gratulierten sich gegenseitig zu diesen wunderbar farbigen Drachenkindern. Denn die erschienen ihnen fast wie ein Wunder.
Plötzlich fand König Rappelrot Gelb und Blau sehr schön, König Sonnengelb mochte auf einmal Rot und Blau genauso gerne wie Gelb, und König Himmelblau schwärmte für Gelb und Rot. Aber am schönsten fanden sie die Farben, die entstanden waren, indem sich Gelb mit Rot, Rot mit Blau und Blau mit Grün gemischt hatte – und tja – da waren die drei Könige doch tatsächlich zum ersten Mal im Leben einer Meinung.

Nun beschlossen sie, die Grenzen zwischen ihren Ländern zu öffnen, und seitdem leben sie alle zusammen in einer fröhlichen, friedlichen und kunterbunten Anderswelt – die Könige, die Leute, die Drachen und alle ihre Kinder.

Kunterbunt & Kreativ – Künstlerische Aktionen

Überall schaffen Menschen Kunstwerke aus einem tiefen inneren Bedürfnis und einer schöpferischen Kraft heraus, die wir allgemein „Kreativität“ nennen.

Die Förderung der Kreativität bei Kindern dient nicht nur der Verschönerung der Umgebung, sondern führt dazu, dass später auch ein kreativer Umgang mit Problemlösungen möglich ist. Wer in der Lage ist, sich was einfallen zu lassen, wird im Leben in so mancher Situation ganz sicher von dieser Fähigkeit profitieren.

Es geht bei Kindern nicht um „große Kunst“, sondern um das gemeinsame Tun, den schöpferischen Akt und um ein „Gelingen“ jenseits von falsch und richtig. Es ist schon eine überaus bemerkenswerte Leistung, quasi aus dem „Nichts“ etwas zu gestalten.

Aber das ist noch nicht alles: Indem sie gegenseitigen Respekt und Akzeptanz unterstützt, fördert die gemeinsame Beschäftigung mit Kunst auch gleichzeitig die Ausbildung interkultureller Kompetenzen. In ihren vielfältigen Formen ermöglicht Kunst die Herstellung von Kommunikationsbrücken und dient daher auch dazu, sich mitzuteilen und auf verschiedene Art und Weise Wissen übereinander zu erhalten.

Auf den folgenden Seiten machen wir Vorschläge zur gemeinsamen Schaffung kindgerechter „interkultureller“ Kunstwerke. Die Kinder schnuppern in einige Kunstformen „aus aller Welt“ hinein, probieren aus, haben Spaß und auch Freude am Ergebnis. Im Idealfall kann sich so auch Wertschätzung dafür entwickeln, dass das, was ein jeder an Kunst aus seiner Kultur mitbringt, ganz toll ist und auch wichtig.

Mehndi – Hennamalereien

Der Begriff „Henna“ ist in der orientalischen Welt die Kurzform für den in Afrika und Asien wachsenden Hennastrauch mit seinen gelben bis ziegelroten Blüten.
„Mehndi“ ist der indische Begriff für Henna und steht für die Malereien selber, die auf die Haut aufgetragen werden. Dazu wird aus pulverisierten Blättern der Hennapflanze eine Paste hergestellt. Die rotbraune Farbe wirkt optisch fast wie eine Tätowierung, die aber nach etwa sechs Wochen wieder ganz verschwindet. Das ist aus pädagogischer Sicht ein echtes Geschenk, denn so können Kinder frei ausprobieren, ohne dauerhaft mit einem unerfreulichen Ergebnis gestraft zu werden
Hennamalerei war im gesamten Orient verbreitet, aber die Form der Darstellung entwickelte sich in jedem Kulturkreis anders, nicht nur, was die Art der Muster betrifft, sondern auch die zu bemalenden Körperstellen. Während nun diese Tradition in einigen Gegenden der Welt verschwindet, hat die Mehndi-Malerei als Mode in unserem Kulturkreis Einzug gehalten.
Mehndi ist aber nicht nur eine Kunst für Erwachsene. Die Hennamalerei bietet Kindern tolle Möglichkeiten, sich auf etwas andere Weise künstlerisch auszuprobieren. Und das gegenseitige Bemalen von und mit Freunden macht nicht nur Spaß, es fördert auch das Sozialverhalten. Außerdem fordert Hennamalerei auf der eigenen Haut Kinder ganz anders als das übliche Malen mit Farbe und Papier. Sie können schließlich nicht herumtoben, nicht mal während die Paste trocknet, weil sie sonst verschmiert.
Still zu sitzen und den Körper einigermaßen ruhig zu halten ist schon eine besondere Herausforderung für manche Kita-Kinder aus aller Welt.

Alter: ab 4 Jahren

Hennapaste

Es gibt fertige Hennapaste zu kaufen, aber hier raten wir zur Vorsicht, da manche Produkte wegen gesundheitsschädlicher Inhaltsstoffe in Verruf geraten sind. Der größte Vorteil dieser fertigen Pasten liegt wohl ohnehin in der Verpackung, die das Auftragen vereinfacht.
Eine selbst gemachte Hennapaste, die zum Auftragen auf die Haut geeignet ist, ist zudem nach der folgenden Anleitung recht einfach herzustellen.

Zutaten (z. B. für ein Tattoo auf jeder Hand): 2 TL Hennapulver (Mehndi-Henna), 1 TL Zitronensaft, ca. 2 TL heißes Wasser
Material: Sieb, Schüssel, Teelöffel, Frischhaltefolie, Spritztülle, Zahnstocher, Küchenpapier, Malkittel

So geht's: Das Hennapulver in die Schüssel sieben. Es muss fein wie Mehl sein. Wasser dazugeben und rühren, bis die Konsistenz so ist wie die von Senf. Dann den Zitronensaft dazugeben und untermischen. Die Paste sollte im Ergebnis glatt und nicht zu flüssig sein. Die Schüssel mit Folie umwickeln und mindestens ein bis zwölf Stunden ruhen lassen.

Hennamalerei

Vorbereitung: Die Kinder machen sich zuerst mal Gedanken über Motive oder Muster, die aufgetragen werden sollen. Am besten auf Papier herumprobieren.
Im Internet, z. B. unter http://www.earthhenna.com/lang_de/index.html und bei zahlreichen anderen Anbietern, finden sich auch fertige Schablonen.
Für kleinere Kinder eignen sich sehr einfache Motive oder Muster wie Kringel, Zick-Zack, Dreiecke usw.
Je besser die feinmotorischen Fähigkeiten ausgebildet sind, desto filigraner kann dann auch gemalt werden.
Und dann: Malkittel anziehen! Hennaflecken gehen aus den Klamotten nie wieder raus!

So geht's: Alle wissen Bescheid: Henna nicht im Gesicht anwenden und nicht in die Augen bringen, da diese beleidigt reagieren!
Die Paste in eine Spritztülle füllen und auf den Körper auftragen.
Da diese Paste sofort färbt, sollte Verschmiertes umgehend mit Zahnstocher und Küchenpapier entfernt werden.
Trocknen lassen.

Mosaik – Kunst aus kleinen Teilen mit großer Wirkung

Das Bedürfnis, seine Umgebung zu verschönern, ist eine Eigenschaft, die auf der ganzen Erde unter Menschen verbreitet ist. Da werden Häuser bunt bemalt, mit Bildern und Schnitzereien usw. geschmückt und vieles mehr.
Eine der ältesten und weltweit bekanntesten Methoden, Gebäude sowohl außen als auch innen zu verschönern, ist das Mosaik.
Das Wort Mosaik kommt vom arabischen Begriff musáuwak für „geschmückt“ oder „verziert.“ Durch Zusammenfügen von verschiedenfarbigen und / oder verschieden geformten Teilen wie zum Beispiel Glas- oder Steinstücken oder auch Teilen von Papier oder Stoffen, entstehen wunderbare Muster oder Bilder.
Mosaizieren können nicht nur Erwachsene. Diese Technik eignet sich hervorragend für Kinder, auch schon im Kita-Alter.
Für den Anfang bieten sich Papiermosaike besonders an. Deren Anfertigung fördert die Feinmotorik und die künstlerische Kreativität, stellt aber auch die Geduld auf die Probe und erfordert Sorgfalt sowie ein wenig Durchhaltevermögen.
Es lassen sich damit sehr schöne Ergebnisse erzielen, und dabei wird recht schnell klar, für welches der Kinder diese Kunstform wie geschaffen ist.
Für die, die so begeistert sind, dass sie weitermachen möchten, sind Papiermosaike eine gute Vorbereitung auf die Arbeit mit anderen Materialien.

Wir beginnen mit zwei Farben, da am Anfang viele Farben zu Verwirrung führen können. Daher unser Tipp: sparsam anfangen und dann eine Farbe nach der anderen „aufstocken“.

Die Spielleitung sollte die Gelegenheit nutzen, den Kindern vor der praktischen Aktion allerlei Bilder von Mosaiken aus aller Welt zu zeigen und auch ein wenig darüber zu berichten. Portugal bietet da viel Material, aber auch der Orient oder Indien, und auch bei uns gibt es sehenswerte Mosaike.

Mosaik in schwarz-weiß

Zweifarbige Mosaike erzielen mit dem kleinstmöglichen Aufwand die größtmögliche Wirkung. Da haben auch die Kleinen ihren Spaß. In unserem Beispiel werden weiße „Steinchen" auf schwarzes Papier geklebt. Das ist ein Klassiker. Es funktioniert aber natürlich auch umgekehrt, oder mit zwei anderen Farben.

Alter: ab 4 Jahren
Material: schwarzes Tonpapier, weißes Tonpapier, Schere, weißer Stift, Bleistift, Plastikschüssel, Tapetenkleister, Pinsel, kleine Schüsseln, Frischhaltefolie
Vorbereitung: Tapetenkleister nach Packungsanleitung in einer Plastikschüssel anrühren. Wird er nicht gleich verarbeitet, bitte mit Folie abdecken.
Das weiße Tonpapier in Streifen schneiden. Die müssen gar nicht schnurgerade oder überall gleich breit sein.
Die Kinder schneiden dann diese Streifen in viele kleinere und größere Vierecke. Diese „Mosaiksteine" kommen in eine Schüssel.

So geht's: Für den Einstieg probieren die Kinder einfach mal ein „wildes" Mosaik aus.
Sie legen die Papierteile auf Tonpapier und schieben hin und her.
Dann merken sie schon selbst, dass es wichtig ist, Fugen zwischen den Teilen frei zu lassen. Wenn alle zusammengepappt werden, sieht das eben auch so aus.
Das Kleben möchte ebenfalls ausprobiert werden ... Also Papierteile wegnehmen, Kleister mit dem Pinsel auf das Blatt auftragen, Teile wieder festkleben. Fertig.
Weiter geht's: Auf das Probemosaik folgt dann eine einfache, altersgerechte Themenvorgabe, z. B. ein Fisch oder eine Schlange.
Der Umriss wird dazu mit einem weißen Stift auf das schwarze Papier grob vorgemalt. Dann die Papierteile zur Probe auflegen.
Die Teile wieder abnehmen und die zu beklebende Fläche dem Rhythmus der Linien folgend mit Kleister einstreichen.
Bei einem größeren Motiv wie im Probemosaik eine kleinere Fläche nach der anderen bekleben – einkleistern, bekleben.
Nun die Papierstücke den Linien folgend aufkleben und dabei darauf achten, dass Fugen zwischen ihnen frei bleiben.

Variante: Mosaikteile nicht mit der Schere schneiden, sondern reißen.

Arabesken

Die Arabeske ist ein Rankenornament, eine rankenförmige Verzierung aus der islamischen Kunst. Sie besteht meist aus sich gabelnden, sehr fantasievoll gestalteten Pflanzenranken, Blüten und Blättern, die oft symmetrisch angeordnet sind.
Das Wort Arabeske ist abgeleitet von italienisch arabesco, was ganz allgemein „orientalisch" bedeutet. Die arabisch-islamische Kunst, die geometrische und ornamentale Darstellungen bevorzugte, entwickelte diese Muster zu einer eigenen Kunstform.
Arabesken dienen auch oft dazu, einen Schriftzug zu verschönern, was vor allem bei arabischer Schrift sehr gut passt.
Für Kinder bedeutet die Beschäftigung mit dieser Kunstform die Chance, sich in eine meditative Ruhestimmung versetzen zu lassen und in ihrer kreativen Tätigkeit völlig zu versinken.

Alter: ab 5 Jahren
Material: Papier, Buntstifte, Bilder von Arabesken
Vorbereitung: Die Spielleitung druckt für jedes Kind ein Blatt aus, auf dem sich in der Mitte sein Name in arabischer Schrift befindet. Zum Beispiel „Sabine" (Bild). Hilfreich ist die Website meinarabischername.de.

So geht's: Die Spielleitung erzählt im Gesprächskreis über Arabesken und zeigt auch Bilder. Dann teilt sie die Blätter aus.
Die Kinder sollten erfahren, dass der Namen auf dem Blatt von rechts nach links gelesen wird, also anders herum als in unserer lateinischen Schrift.
Und nun verschönern die Kinder den Schriftzug auf ihrem Blatt mit einem schönen Rahmen aus Blättern, Blüten und Ranken.
Sie können sich Kletterrosen vorstellen, oder rankenden Efeu, oder Kapuzinerkresse, oder Winden, oder …

Adinkra-Tasche mit „afrikanischem“ Stoffdruck

Afrikanisch anmutende Stoffmuster bzw. Druckmotive sind im Zuge der Ethno-Mode längst in Europas Massendesign-Industrien angekommen.
Traditionell wurden und werden in Afrika Muster mit Stempeln aufgedruckt. Die Stempel dazu wurden aus Kalebassen hergestellt. Die gedruckten Formen und Zeichen haben einen Sinn, sie funktionieren wie eine Symbolsprache. Eine der bekanntesten ist „Adinkra“, entstanden bei den Ashanti in Ghana.
Wird Adrinka als Stoffdruck verwendet, wird der Stoff dafür in Quadrate unterteilt, welche dann jeweils mit einem Motiv bedruckt werden. Dieses Motiv kann sich in einem anderen Quadrat wiederholen.
Diese Druckweise probieren die Kinder nun aus. Unsere Stempel sind allerdings aus Kork oder aus Kartoffeln, da wohl kaum genügend Kalebassen in der Kita zu diesem Zweck zur Verfügung stehen.

Alter: ab 4 Jahren, mit Hilfe der Erwachsenen beim Schnitzen
Material: Baumwoll-Stofftasche, Schere, Messer, Korken oder Kartoffeln, Stofffarbe flüssig, Bügeleisen, Pinsel, Klebeband, weißes Papierblatt, Pappe

So geht's: Die Vorder- und Rückseite des Stoffbeutels in je 4 Quadrate unterteilen und diese mit einem Klebestreifen markieren.
Die Muster auf Korken oder eine glatte Kartoffel-Schnittfläche aufzeichnen.
Dann die Muster erst anritzen und anschließend herausschneiden. Das Muster soll als erhobene Stempelfläche erscheinen.
Stempel mit Stoffmalfarbe einstreichen. Ein Pappstück in die Tasche schieben, damit es nicht auf die andere Seite durchdruckt. Das Muster erst auf die eine Seite des Stoffbeutels drucken.
Nach dem Trocknen die Farbe laut Herstellerhinweis fixieren und die andere Seite bedrucken.

Macht mit! – Spiel & Spaß aus aller Welt

Spielen ist die Lieblingsbeschäftigung aller Kinder auf dieser Erde. Das ist unabhängig von der jeweiligen Kultur überall auf der Welt so, seit sehr langer Zeit.

Spiel bedeutet aber nicht nur Spaß und Zeitvertreib. Es scheint laut Wissenschaft tatsächlich ein Urbedürfnis des Menschen und wohl auch ein in unseren Genen verankertes Urphänomen zu sein. Und Spielen macht Sinn: Es fördert das soziale Verhalten und die Auseinandersetzung mit sich selbst. Je nach Spiel werden auch viele Fähigkeiten trainiert, die wir zum Leben benötigen, z. B. Kreativität, Körpergefühl, Geschicklichkeit, Fein- und Grobmotorik usw.

Wir haben uns auf dem Globus umgeschaut und eine schöne Spielesammlung zusammengestellt, die Kindern von überall ganz viel Spaß macht. Vielleicht bemerken sie ja selbst, dass viele Spiele, die wir hier kennen, in einer ähnlichen Form auch ganz woanders auftauchen – weit, weit weg.

Mit unseren Spielvorschlägen lässt sich eine „internationale Spielstunde" gestalten oder ein bunter Welt-Spiele-Nachmittag. Auch als attraktives Angebot für „Zwischendurch" sind die Spiele geeignet, sowie für Multikulti- oder sonstige Kinderfeste und als Bestandteile von interkulturellen Projekten.

Bak bir yeşil ördek

Dies Kreisspiel aus der Türkei ist auch für jüngere Kinder geeignet. Übersetzt heiß es: „Schau, eine grüne Ente.“ Und wen wundert's – in diesem Spiel dreht sich alles um die netten Wasservögel und ihre Bewegungen.

Alter: ab 3 Jahren

So geht's: Die Kinder bilden einen Kreis, mit einer Schulter zur Mitte. Dann versuchen sie, das Gewatschel und das Quaken oder Schnattern einer Ente nachzumachen. Auch Hände oder Arme können wie Flügel bewegt werden. Und so watscheln alle im Kreis, schnatter, quak. Nach einer Proberunde geht's richtig los. Dann nämlich gibt die Spielleitung Anweisungen durch Klatschen:

1 x Klatschen: Schwimmbewegungen machen
2 x Klatschen: mit einer liebevollen Bewegung über die „glänzenden Flügel“ streichen
3 x Klatschen: mit den Händen ein Entenschwanz darstellen, der sich hin und her bewegt.

Die „Enten“ bewegen sich dabei immer weiter im Kreis. Wer aus dem Klatschrhytmus kommt, fällt natürlich gleich auf, quak, quak, schnatter, schnatter…

Beştaş (Fünf Steine)

Ein weiteres Spiel aus der Türkei, das vor allem bei Mädchen sehr beliebt ist. Das Geschicklichkeitsspiel kann zu zweit oder zu mehreren gespielt werden. Dabei wird besonders die Hand-Auge-Koordination gefördert. Wer bei diesem Spiel gewinnt, muss in der Hinsicht schon „was drauf haben".

Alter: ab Vorschulalter
Material: fünf runde Steine

So geht's: Die 5 Steine auf den Boden werfen.
Runde 1: Einen Stein hochwerfen und währenddessen einen vom Boden aufheben
Runde 2: Einen hochwerfen und jeweils zwei Steine aufheben
Runde 3: Zuerst einen, dann die restlichen drei gleichzeitig aufheben.
Runde 4: Vier Steine gleichzeitig aufheben
Runde 5: alle fünf Steine in die Luft werfen und versuchen sie mit dem Handrücken zu fangen. Eine Hand zählt doppelt, zwei Hände zählen einfach

Tipp: Anfänger spielen erst mal nur Runde 1, 2 und 3

Rumwirbeln

Ein Ball- und Geschicklichkeitsspiel aus Syrien, bei dem den Kindern je nach Tempo auch mal ein wenig schwindelig werden kann.

Alter: ab 5 Jahren
Material: Ball, Stoppuhr

So geht's: Die Spielleitung gibt eine Zeitvorgabe zur Spieldauer, z. B. zwei Minuten, und stoppt die Zeit.
Es geht darum, einen Ball auf den Boden zu prellen. Bevor die Spielerin ihn wieder auffängt, muss sie sich einmal um die eigene Achse drehen. Fängt sie den Ball, gibt es einen Punkt.
Und weiter geht's, zack, zack, um innerhalb der vorgegebenen Zeit möglichst viele Punkte zu sammeln.

Honglü Deng – Ampelspiel

In China wird dieses Lauf- und Fangspiel, bei dem es keinen Sieger gibt, meist im Freien gespielt. Es eignet sich für größere Gruppen zwischen zehn und zwanzig Kindern und dauert etwa zehn Minuten ... falls die Spieldauer nicht verlängert wird.

Alter: ab 4 Jahren
Material: Augenbinde

So geht's: Ein Kind ist „der Fänger" und bekommt die Augen verbunden. Der Fänger muss versuchen, die anderen zu fangen, die im Raum herumgehen. Keine leichte Aufgabe, aber der Fänger darf „Farbkommandos" geben:
Sagt der Fänger „Grün" – gehen alle ganz schnell.
Sagt der Fänger „Gelb" – hüpfen die Kinder auf einem Bein
Bei „Rot" – müssen alle zuerst stehen bleiben und dann drei Schrittchen gehen.

Wenn der Fänger Erfolg hatte, muss er den Gefangenen erkennen und seinen Namen nennen, sonst gilt der Fang nicht.
Der oder die Gefangene ist dann der nächste Fänger.

Wan-tu-zum

Dieses leicht abgewandelte Pendant zu unserem „Schere, Stein, Papier“ kommt aus Malaysia.

Alter: ab 5 Jahren

So geht's: Zwei Spieler stellen sich einander gegenüber. Beide sagen gleichzeitig „Wan, tu, zum“ – und bei „zum“ bilden sie mit einer Hand eine der fünf abgebildeten Positionen: Tisch, Stein, Wasser, Fahne oder Vogel

Der Tisch verletzt den Vogel
Der Tisch schwimmt im Wasser
Der Stein erschlägt den Vogel
Der Stein zerhaut den Tisch
Das Wasser verschlingt den Stein
... und die Fahne
Die Fahne zerbricht den Stein
... und vernichtet den Vogel
Der Vogel trinkt Wasser

Bei zwei gleichen Figuren wird wiederholt.

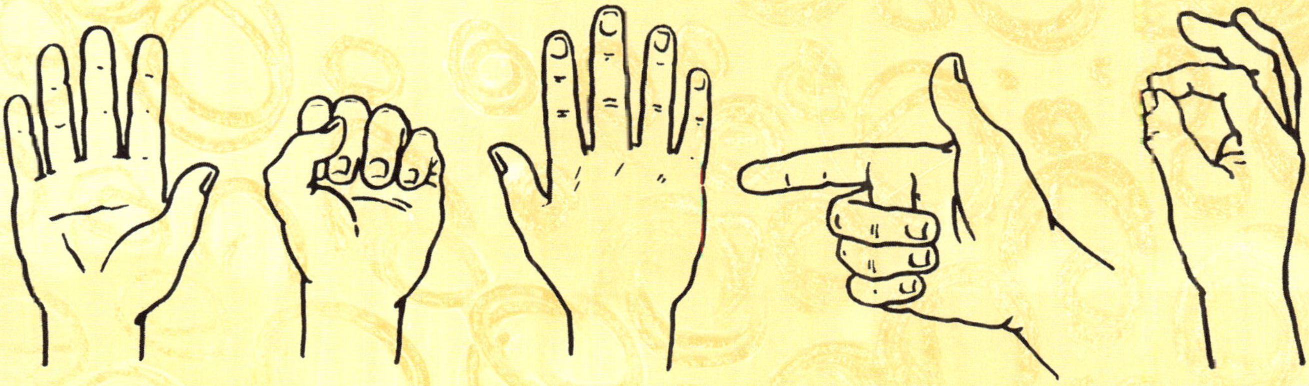

Tisch Stein Wasser Fahne Vogel

Beine-Ohren-Haare

Ein afrikanisches Kinderspiel, das im Original in der Kiswahili-Sprache ausgeführt wird. Das ist nämlich die am weitesten verbreitete Verkehrssprache in Ostafrika. Die Kinder lernen diese Sprache in der Schule, egal welche der vielen anderen Sprachen sie sprechen, die es dort gibt. So können sich alle untereinander verständigen.
Bei uns ist Kiswahili auch unter dem Namen „Suaheli“ oder „Kisuaheli“ bekannt.
Unserer Spielvariante bietet Kindern die Gelegenheit, ein paar Kiswahili-Begriffe rund um den Körper kennenzulernen. Dabei wird das Gedächtnis gefordert und gefördert. Die Reaktionsschnelligkeit wird auf die Probe gestellt, und auch das rhythmische Empfinden profitiert durch den im Tempo variierenden Sprachrhythmus.

Alter: ab 4 Jahren

So geht's: Die Kinder stellen sich im Spielkreis auf.
Dann nennen sie hintereinander einzelne Körperteile und fassen diese gleichzeitig mit den Händen an.
Die Reihenfolge bleibt immer gleich. Aber die Benennung wird immer schneller und noch schneller. Wer sich verhaspelt, scheidet aus – oder alle beginnen dann von vorne.
Ein Durchlauf kann mehrere Runden beinhalten.
Die Spielleitung entscheidet, wann eine Runde beendet ist – nämlich dann, wenn die Begriffe samt Zuordnung „sitzen.“

Im ersten Durchlauf werden die Begriffe nur auf Deutsch genannt.
Im zweiten geht es um beide Sprachen. Zuerst kommt der deutsche Begriff, und gleich danach der auf Kiswahili.
Im dritten Durchlauf wird nur der Kiswahili-Begriff benannt.
Und hier die Begriffe in der Spielreihenfolge auf Deutsch und Kiswahili, wo die zu betonenden Silben zur Vereinfachung der Aussprache unterstrichen sind.

Beine – Miguu
Ohren – Masikio
Haare – Unywele
Hals – Shingo
Nase – Pua
Augen – Macho
Mund – Kinywa

Komm zu mir oder geh nach rechts

Dieses Spiel stammt von den Ureinwohnern Australiens, den Aborigines. Die Kinder lernen damit zwei Dinge: den anderen in der Gruppe zu vertrauen und Gegenstände mit den Füßen zu ertasten.

Alter: ab 5 Jahren
Material: Augenbinde, Stein oder Zweig

So geht's: Die Kinder bilden einen Spielkreis.
Ein Spieler geht in die Mitte und bekommt die Augen verbunden.
Anschließend legt die Spielleitung den kleinen Gegenstand irgendwo im Kreis auf den Boden.
Nun rufen die Kinder im Kreis dem in der Mitte zu, wo es sich hinbewegen soll, um den Stein oder Zweig zu finden: *Geh rückwärts, geh vorwärts, komm zu mir, geh weiter weg von mir usw.*
Sobald der Spieler den Gegenstand mit den Füßen berührt, kommt das nächste Kind in die Mitte.

Tick tack

Dieses einfache und doch kurzweilige Spiel kommt eigentlich aus Schottland, ist aber auch bei uns bekannt. In Belgien haben wir es oft stundenlang gespielt, nur so zum Spaß, oder zum Abzählen.

Alter: ab 3 Jahren

So geht's: Zwei Spieler stellen sich in ca. 4 Meter Abstand einander gegenüber. Einer fängt an und setzt einen Fuß mit der Ferse vor die Zehen des anderen Fußes. Dann kommt der andere Fuß … Wer seinen Fuß zuerst auf den des anderen stellt, hat gewonnen.

Luhn-Martsch-Masala-Haldi

Ein überliefertes Spiel aus Indien rund um die Namen von vier für die dortige Küche wichtige Gewürze. Es heißt, die Mütter würden damit ihren Töchtern die Regeln des Kochens beibringen. Es lässt sich aber auch sehr gut bei unserem Frühstück (siehe S. 93) mit dem Tischnachbarn spielen ... oder zu jeder anderen Gelegenheit.

Alter: ab 4 Jahren

So geht's: Es spielen immer zwei zusammen.
Ein Kind faltet die Hände.
Das zweite streicht mit einem Finger darüber und sagt: *„Luhn, Martsch, Masala, Haldi"*
Beim letzten Wort versucht es, auf die gefalteten Hände der Spielparterin zu klatschen.
Die versucht die gefalteten Hände wegzuziehen, um zu entkommen.
Ist das Patschen erfolgreich, geht es in die nächste Runde.
Wenn nicht, werden die Rollen getauscht.

Wie klingt es hinterm Regenbogen? Mehrsprachige Kinderlieder

Kinder fühlen sich angesprochen von Sprachrhythmus und Reim, von der Sprachmelodie, von Lautfolgen und Wörtern. Sie möchten das Gesprochene oder Gesungene noch einmal hören und immer wieder.

Der textliche Inhalt ist dabei eher Nebensache. Von den ganz kleinen Kindern wird er ohnehin noch nicht verstanden. Sie hören aber trotzdem freudig gespannt zu und ahmen die fremdartigen Laute reflexartig nach.

Mit Lippen und Zunge neue Laute zu entdecken macht den Kleinen großen Spaß. Sie üben unermüdlich, die Lautfolgen richtig auszusprechen. Und sie singen mit Begeisterung Lieder in fremden Sprachen nach. Kein Wunder. In den vielen unterschiedliche Musikkulturen, die auf unserer Erde existieren, gibt es ja auch eine Fülle schöner Kinderlieder zu entdecken.

Wir haben eine rein subjektive Auswahl getroffen und für unser Buch die Titel ausgesucht, die sich in der Praxis bei unseren Live-Aufführungen und Workshops mit Kindern aus aller Welt am besten bewährt haben.

Kopf und Schulter, Knie und Fuß

Text und Melodie: überliefert

Deutsch:

||: Kopf und Schulter, Knie und Fuß, Knie und Fuß. :||
Und Augen, Ohren, Nase, Mund.
Kopf und Schulter, Knie und Fuß, Knie und Fuß.

Englisch:

||: Head and shoulders, knees and toes, knees and toes :||
and eyes and ears and mouth and nose,
head and shoulders, knees and toes, knees and toes.

Arabisch:

||: Ra's, Katef, Rukbah, wa Qadama Rukbah, wa Qadama :||
Ra's, Katef, Rukbah, Qadama
'Ayn, Othon, Fam, wa Anf

Französisch:
||: Tête, épaules, genoux et pieds, genoux et pieds :||
J'ai un nez, deux yeux, deux oreilles et une bouche,
Tête, épaules, genoux et pieds, genoux et pieds.

Spanisch:
||: Cabeza, hombros, rodillas y pies :||
Cabeza, hombros, rodillas, y pies
Los ojos, oídos, nariz, y la boca

Japanisch
||: Atama, Kata, Hiza, Ashi, Hiza Ashi :||
Atama, Kata, Hiza, Ashi
Me, Mimi, Kuchi, Hana

Kopf & Fuß Bewegungsspiel

Das Spiel fördert die Auge-Hand Koordination und lässt sich sowohl alleine als auch zu mehreren gut spielen.

Alter: ab 4 Jahren

So geht's: Die Kinder singen das Lied und berühren dabei die jeweils besungenen Körperteile.
Zuerst das Lied ganz langsam singen, damit alle Zeit haben, die Körperteile auch zu finden.
Danach von Strophe zu Strophe das Tempo steigern. So wird das Lied immer schneller, bis alle Bewegungen lustig durcheinander geraten.

Variante: Gegenstände besingen, z. B.:
Stuhl und Sessel, Tisch und Bank, Tisch und Bank,
und Fenster, Regal, Teppich, Tür,
Stuhl und Sessel, Tisch und Bank, Tisch und Bank.

A, a, a, bak geldi kis baba — Der Winter ist schon da

Melodie: volkstümlich, aus Deutschland
Text: aus der Türkei, dt. Fassung: Susanne Steffe

E, e, e, wir spielen gern im Schnee,
haben ritzerote Nasen,
wenn wir mit dem Rodel rasen.
E, e, e, wir spielen gern im Schnee.

I, i, i, im Winter frier'n wir nie.
Gegen kalte weiße Flocken
helfen Mütze, Schal und Socken.
I, i, i, im Winter frier'n wir nie.

O, o, o, der Winter macht uns froh.
Will der Frühling ihn vertreiben,
bitten wir ihn, noch zu bleiben.
O, o, o, der Winter macht uns froh.

U, u, u, jetzt weiß ich, was ich tu!
Hol den Schlitten aus dem Keller,
und dann geht es schnell und schneller.
U, u, u, den Berg hinab: Juchhu!

E e e bir karıs kar yerde
daglar kırlar hep bembeyaz
yavru kuslar yem bulamaz
e e e bir karıs kar yerde

I i i kıs dondurdu bizi
bu soguga dayanılmaz
kıs babaya inanılmaz
i i i kıs dondurdu bizi

O o o bak sırtımda palto
korkumuz yok kardan kıstan
ne soguktan ne rüzgardan
o o o bak sırtımda palto

U, u, u, her taraf buz tuttu.
burun kulak mosmor oldu.
sırtımıza karlar doldu.
U U U Her taraf buz tuttu.

Chiffontanz zum Lied

Unser Lied eignet sich gut für eine Aufführung vor Publikum. Das Tänzchen ist schon für kleinere Kinder leicht zu bewältigen. Eltern, Verwandte und Freunde können dann voller Stolz erleben, wie ihre Kleinen das Publikum mit einem in einer Fremdsprache gesungenen Lied begeistern.

Alter: ab 3 Jahren

So geht's: Die Kinder gehen zum Rhythmus des Liedes im Kreis herum und winken mit einem bunten Chiffontuch.
Die Gehrichtung ändert sich nach jeder Strophe.
Zum Schluss verlassen die Sänger und Sängerinnen winkend die Bühne.

Variante für Vorschulkinder: Die Kinder stehen im Kreis und halten verschiedenfarbige Chiffontücher (weiß und rot) in den Händen, und zwar abwechselnd, sodass jedes zweite Kind im Kreis schließlich ein rotes bzw. weißes Tuch in der Hand hat.
1. Strophe: Alle tanzen mit gefassten herabhängenden Händen und Front nach rechts in Tanzrichtung (gegen den Uhrzeigersinn) im großen Kreis. Beim Zwischenspiel winken sie dabei dem Publikum zu.

Der frühere türkische Staatschef Kemal Pascha, bekannt als Atatürk, „Vater der Türken“, lud während seiner Regierungszeit zur Modernisierung der Schulkultur deutsche Schulmusiker und Komponisten in sein Land ein. So kommt es, dass manches deutsche Kinderlied in übersetzter Version auch türkischen Kindern bekannt ist.

2. Strophe: wie 1. Strophe; beim Zwischenspiel winken und evtl. hüpfen.

3. Strophe: Die Kinder mit den weißen Tüchern gehen zwei Schritte nach innen, drehen sich um 180° und tanzen nun gegen Tanzrichtung im Innenkreis. Die Kinder mit den roten Tüchern tanzen weiter im Außenkreis in Tanzrichtung. Am Strophenende bilden sie mit ihren Händen Tore und gehen dabei in Richtung Innenkreis. Die Kinder mit den weißen Tüchern „tauchen“ unter den Toren durch und tanzen in der nächsten Strophe im Außenkreis weiter.

4. Strophe: wie 3. Strophe, jedoch mit vertauschten Rollen (am Ende tanzt Weiß wieder im Innenkreis)

5. Strophe: wie 3. Strophe; jedoch werden diesmal am Ende keine Tore gebildet und Weiß geht einfach in den großen (Außen-) Kreis zurück; beim Zwischenspiel zum Publikum winken und in Tanzrichtung gehen bzw. hüpfen.

Salem-Aleikum — Friede sei mit dir

Musik: Tobias Escher
Text: Hartmut E. Höfele

Das Friedenslied lädt dazu ein, mit Kindern über Freundschaft und Frieden zu sprechen. Dieses Thema ist immer aktuell. Außerdem lassen sich Ängste durch musikalische Unterstützung besser verarbeiten. Besonders Kindern, die z. B. über grausame Bilder in TV-Nachrichten oder Streitereien in der Familie oder mit Freunden verunsichert sind, möchte dieses Mitmachlied Mut machen. Die Botschaft, die vermittelt wird, ist klar: Wir alle wollen Freundschaft und Frieden. Und das gilt nicht nur in der großen weiten Welt. Auch im Kindergarten und in der Schule sollte ein friedliches Miteinander selbstverständlich sein

Das Salem-Aleikum-Kreis-Laufspiel zum Lied

Alter: ab 4 Jahren (8–16 Mitspieler)
Material: Tennisball, Teelichterschale
Vorbereitung: Am schönsten ist das Spiel in einem spärlich beleuchteten Raum, dem zum Beispiel Duftkerzen und Dekoration eine orientalische Atmosphäre verleihen.

So geht's: Die Spielleitung beginnt mit einer Einführung:
„Stellt euch vor, wir befinden uns im Vorderen Orient. Eine Karawane von Nomaden ist nach einem langen Marsch durch die Wüste an einer Oase angekommen. Die Nacht bricht herein. Die Nomaden versammeln sich um das Lagerfeuer und trinken Tee. Ein Händler, der alleine unterwegs war, kommt vorbei und möchte sich dazusetzen."
Alle Kinder spielen Nomaden.
Sie stehen im Kreis und halten beide Hände hinter dem Rücken.
In der Kreismitte brennt symbolisch ein wärmendes Lagerfeuer (Teelichterschale).
Ein Kind spielt den Händler. Der Händler geht mit einem Tennisball in der Hand außen um den Kreis herum. Er sucht einen „Nomaden" aus und drückt ihm den Ball in die Hände.
Der Nomade dreht sich um.
Beide verschränken die Hände, verbeugen sich kurz und begrüßen sich mit „Salem Alaikum".
Dann läuft jeder schnell in entgegensetzte Richtung außen um den Kreis herum. Der Händler läuft also in derselben Richtung wie bisher, der Nomade aber in die andere.
Sobald sie sich wieder treffen, halten sie an und zelebrieren das Begrüßungsritual.
Wer als Erster am freien Platz ankommt, ist der Glückliche, der sich nun am Lagerfeuer wärmen darf.
Der andere Spieler beginnt als Händler das Spiel wieder von vorne.

Good morning — Morgengruß-Kanon

Melodie: volkstümlich, nach dem englischen „London's burning"
Text: überliefert

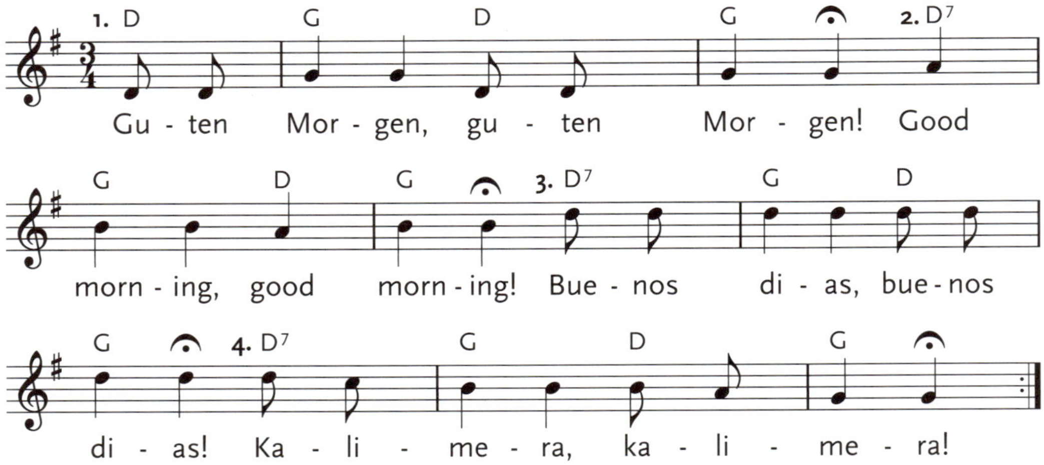

Seid ihr alle da? In fast jeder Kita ist der Morgenkreis inzwischen ein fest etabliertes tägliches Ritual, zu dem alle sich zur Begrüßung versammeln.
„Hallo, hallo, schön, dass du da bist. Hallo, hallo, wir freuen uns so sehr!"
In unserer „bunten Kita" erklingt ein musikalischer Guten-Morgen-Gruß in verschiedenen Sprachen. Gemeinsames Singen ist nun mal ein guter, wenn nicht sogar der beste Start für einen strukturierten, fröhlichen und friedlichen Tagesablauf.
In diesem Morgenkanon wird in Deutsch, Englisch, Spanisch und Griechisch gesungen. Sind noch Kinder aus anderen Ländern in der Kindergruppe? Dann fragen wir gleich mal nach, wie „Guten Morgen" in der jeweiligen Landessprache heißt, und wie die Worte korrekt ausgesprochen werden.

Tipp: Im Internet finden sich zu fast allen Sprachen links zu Übersetzungsprogrammen, oft auch mit mp3-Hörbeispielen zur korrekten Aussprache. Wer sich die Zeit nimmt und sich die Mühe macht, die richtige Aussprache zu üben, hilft, Verwirrungen zu vermeiden. Abgesehen davon ist es auch ein Zeichen allgemeiner Höflichkeit.

„Guten Morgen“ in anderen Sprachen

Französisch	Bonjour
Italienisch	Buongiorno
Portugiesisch	Bom dia
Rumänisch	Buna dimineata
Spanisch	Buenos dias
Polnisch	Dzieri dobry
Ungarisch	Jó reggelt
Türkisch	Günaydın
Hindi (Indien)	Namaste
Albanisch	Mirë dita
Hebräisch	bóker tov
Russisch	Privjet
Suaheli	Jambo
Persisch	Dorood
Kurdisch	Rojbas!

Aber auch innerhalb des deutschen Sprachraums finden sich ganz unterschiedliche Dialektbegrüßungen, die für alle lustig anzuhören sind: Das bietet einen schönen Anlass für Gespräche und Ratespiele mit den Kindern.

Berlinerisch	Juten Morjen
Hessisch	Morsche
Siegerländisch	Gemoje
Kölsch	Morje
Schwäbisch	Gudde Morge
Bayrisch	Gumoang
Friesisch	Goeie dei
Elsässisch	Güete Morje
Norddeutschland	Moin, moin
Schweiz	Grüzi

O Alele

Melodie: überliefert, musikalische Bearbeitung: Dorle Ferber
Text: überliefert

Das lautmalerische O-Alele-Lied lässt sich in kürzester Zeit mit Kindern einüben. Der Nonsens-Kauderwelsch-Song sorgt garantiert für ausgelassene Stimmung und bildet einen idealen Einstieg in afrikanische Spiel-, Tanz und Musikaktionen.

o-Alele-Singspiel

Alter: ab 5 Jahren

So geht's: Eine oder einer übernimmt die Rolle der Versängerin und skandiert immer eine Zeile vor, die Gruppe ruft dann die Wiederholung.
Nach einem Durchlauf wird das Lied variiert.
Die Variationsanweisungen werden von den Teilnehmern nachgesungen und befolgt.
Engagierte Pädagogen mit musikalischem Gespür können, wie in Dorle Ferbers Notation links beschrieben, aus dem Skandier-Tohuwabohu ein melodisches Miteinander machen.

O alele
a bere dicke domba
a mossa, mossa, mossa
O alua, alua, alue

Das Lied war viel zu leise,
das Lied war viel zu leise.
Wir singen es jetzt lauter,
wir singen es jetzt bunter,
und dann wieder von Anfang an.

Ohne Worte – Nonverbale Kommunikationsspiele & Aktionen

Bevor Kinder überhaupt sprechen lernen, kommunizieren sie schon ohne Worte. Sehr früh lernen sie konventionelle Gesten: auf etwas zeigen, die Hand aufhalten, um etwas zu bekommen, bitte, bitte, ja, nein usw.

Sie bemühen sich ganz eifrig, Handlungen stellvertretend darzustellen, und oft schaffen sie das erstaunlich gut. Vor allem während des Spielens. Wenn das Kind dann ein imaginäres Lenkrad in der Hand hält und „brumm, brumm" macht, versteht jeder Zuschauer, dass es gerade Auto fährt. Macht es „Tatütata", käme auch die Feuerwehr in Frage, ein Polizeiauto oder ein Krankenwagen.

Aber nur wer Deutsch sprechen kann, versteht den Satz: „Ich fahre mit dem Auto." Über nonverbale „Formate" lernen Kinder, Handlungen und Situationen mit Bedeutung zu versehen. Im nächsten Schritt lernen sie, diese Bedeutung auf die Lautfolgen zu übertragen, die in der jeweilig sie umgebenden Sprache dazu geäußert werden.

Spiele der nonverbalen Kommunikation lassen sich demnach überall dort sehr gut einsetzen, wo verschiedene Sprachen gesprochen werden.

In der „bunten" Kita, wo eine gemischte Kindertruppe aus allerlei verschiedenen Ländern einen Teil des Tages zusammen verbringt, bieten solche Spiele eine tolle Möglichkeit, trotz fehlender gemeinsamer Sprache eine Gruppe in traute Einigkeit zu bringen. Dazu haben wir auf den folgenden Seiten eine altersgerechte Mischung aus Spielen und Aktionen zusammengestellt.

Denn eins ist Realität: Dolmetscher gehören nun mal nicht zum Alltag in der Kita. Oft beherrschen Erzieherinnen zwar neben Deutsch noch eine Fremdsprache, oder falls sie selber einen Migrationshintergrund haben, ihre ursprüngliche Muttersprache. Da aber inzwischen viele Kita-Kinder aus der arabischen Welt, aus afrikanischen Staaten oder aus Osteuropa stammen, ist bei den betreuenden Pädagoginnen Kreativität gefragt. Sie müssen tatsächlich selber „mit Händen und Füßen" sprechen, und auch mit Bildern.

Die Sprache der Hände

Unsere Hände helfen uns nicht nur dabei, mit Gesten zu untermauern, was unser Mund zeitgleich erzählt. Unsere Hände können sogar sprechen. Mancher Ausdruck geht uns schlichtweg einfacher von der Hand.
Eine der ersten Gesten, die unsere Hand in unserem Leben formt, ist das „da, da" – die Zeigegeste. Viele Gesten bieten einfach einen eindeutigen Vorteil, da sie meist viel schneller geformt als vom Mund ausgesprochen sind. Außerdem sind sie für das Gegenüber leichter zu verstehen, da die meisten Gesten eine klare und präzise Aussage beinhalten. Im folgenden Spiel können die Kinder zeigen, ob sie die Gesten auch alle verstehen.

Alter: ab 3 Jahren

So geht's: Die Spielleitung zeigt Handgesten für die unten stehenden Begriffe. Wir haben hier nur eine kleine Auswahl aufgeführt, die sich natürlich ergänzen lässt.
Die Kinder raten.

- Daumen hoch **Alles O.K. Prima!**
- Hände trichterförmig ans Ohr halten **Bitte lauter**
- Mit den Händen herbeiwinken **Komm her**
- Mit der Hand am Bauch reiben **Das schmeckt!**
- Hand ausstrecken und den Daumen nach unten zeigen **Ablehnung**
- Daumen und kleinen Finger abspreizen und an ein Ohr halten **Telefonhörer nachahmen**
- Daumen an Zeige- und Mittelfingerspitzen reiben **Geldangelegenheit**
- Mit dem Zeigefinger auf etwas zeigen **Das will ich haben**
- Däumchen drehen **Langweilig**
- Finger in die Ohren stecken **Das will ich nicht hören**
- Mit den Händen von sich weg wedeln **Etwas verscheuchen**

Was mach ich da?

Verständigung ohne Sprache – funktioniert das? Aber ja. Die Kinder stellen im folgenden Ratespiel ganz einfache Begriffe des täglichen Lebens pantomimisch dar. Die meisten werden wohl rund um den Erdball verstanden, wenn sie deutlich genug gezeigt werden.

Alter: ab 5 Jahren

So geht's: Ein Kind nach dem anderen stellt einen Begriff pantomimisch dar.
Und? Haben alle kapiert, worum es geht?
Dann machen alle zusammen den Begriff pantomimisch nach.

Und DANACH sagt die Spielleitung auf Deutsch den Begriff.

Vorschläge für Begriffe:
Trinken, essen, schlafen, Zähne putzen, Hände waschen, Schuhe anziehen, Hose anziehen, Mütze aufsetzen, Auto fahren, Fahrrad fahren, Roller fahren, Haare kämmen, Brot schmieren, Tür aufmachen, Schlittschuh laufen, Ball spielen usw.

Spaziergang durch die Lachnicht-Gasse

Wer das wohl schafft? Meistens wird doch losgelacht … vor allem, wenn man sich's verkneifen will.

Alter: ab 3 Jahren

So geht's: Die Kinder bilden zwei Reihen und stellen sich einander gegenüber, sodass zwischen ihnen eine Gasse entsteht.
Der Abstand sollte etwa in Reichweite der jeweils gegenüber ausgestreckten Hände sein. Alle Spieler halten ihre Hände auf dem Rücken.
Ein Kind versucht dann, durch die Gasse zu spazieren, ohne zu lachen.
Die anderen bemühen sich aber sehr, ihren Mitspieler mit Grimassen und Faxen doch zum Lachen zu bringen.
Es darf nicht gesprochen oder gekitzelt werden, also bleiben die Hände auf dem Rücken.

Schnüffel, Schnüffel

Ein an das „Memory" angelehntes Spiel zur Förderung der olfaktorischen Wahrnehmung, bei dem nicht gesprochen werden muss. Kinder, die noch kein oder nicht gut Deutsch sprechen, können gleich mitmachen und sind nicht benachteiligt. Idealerweise benennt die Spielleitung nach dem Spiel die riechenden Substanzen, damit die Kinder sich diese Begriffe einprägen können. Das funktioniert so ziemlich gut.

Alter: ab 4 Jahren
Material: 20 gleich aussehende Dosen mit 10 verschiedenen Düften. In den Dosen kann alles mögliche enthalten sein, Hauptsache, es riecht stark genug, dass die Kinder den Duft erschnüffeln können. Zum Beispiel: Seife, Waschpulver, Parfum, Camembert, Gewürze wie Zimt oder Curry, getrocknete Kamille und Minze, oder Rosmarin usw.

So geht's: Die Kinder hocken sich im Kreis hin. Die Riechdosen kommen in die Kreismitte.
Wie beim Memoryspiel geht es nun darum, dass jedes Kind Pärchen findet, aber eben keine Bildpaare, sondern Duftpaare.
Wer ein Duftpaar gefunden hat, darf es aus dem Spiel nehmen und weitermachen, bis er sich irrt.
Wer sich irrt, geht zurück in den Kreis und das nächste Kind darf Paare erschnüffeln.

Zwei Muh, zwei Mäh, zwei Törööö, zwei Kikeriki

Dieses Spiel können Kinder auch gut zusammen spielen, wenn sie sich gegenseitig noch nicht sprachlich verständigen können. Die Kommunikation läuft trotzdem. Die ausländischen Kinder lernen so nebenbei Tiernamen, und alle haben zusammen Spaß.

Alter: ab 5 Jahren
Material: Tierbilder von bekannten Tieren, deren Laute die Kinder kennen, Doppelklebeband, Schere
Vorbereitung: Die Spielleitung guckt mit den Kindern gemeinsam die Tierbilder an und spricht mit ihnen über die Tiere. Wie sie heißen, wo sie leben usw.

So geht's: Die Kinder in zwei gleich große Gruppen teilen.
Die Spieler der einen Gruppe bekommen ein Tierbild auf dem Rücken befestigt. Keiner weiß aber, welches Tier auf seinem Rücken klebt.
Von den Kindern der anderen Gruppe sucht sich jedes ein „Tier“ als Partner aus. Nun versucht der Partner ohne Bild dem anderen mittels Pantomime und Geräuschen verständlich zu machen, welches Tier er darstellt.
Sind sich die Spielpartner einig, stellen sie sich der ganzen Gruppe gemeinsam als „ihr“ Tier mit einem typischen Laut vor.

Ball von Kontinent zu Kontinent

Hier geht es darum, dass die Kinder nonverbal gut kommunizieren und so auch gut zusammen agieren. Gar nicht so einfach am Anfang ...

Alter: ab 5 Jahren
Material: zwei Decken, Softball oder anderer nicht zu schwerer Ball

So geht's: Die Kinder bilden zwei Gruppen. Jede Gruppe bekommt eine Decke. Jede Decke steht für einen Kontinent, z. B. Europa und Afrika.
Die Gruppen halten ihre Kontinent-Decke, und zwar so, dass sie gespannt ist. Die Gruppen stellen sich in geringem Abstand zueinander auf. Die Spielleitung legt den Ball auf die Europa-Decke. Beide Gruppen versuchen nun, mit Hilfe der Decken den Ball zwischen den „Kontinenten“ hin und her zu spielen.
Dabei darf der Ball nicht auf den Boden fallen!

Muh-muh, mäh-mäh

Ein spannendes Bewegungsspiel, bei dem die Kinder sich in Tiere verwandeln und in einem Spielbereich drinnen oder draußen Gegenstände suchen. Es macht am meisten Spaß, wenn die Verstecke je nach Alter der Kinder zum Krabbeln, Kriechen, Klettern oder Hochspringen animieren.

Alter: ab 4 Jahren
Material: z. B. kleine Bälle, Bauklötze, Äpfel, Karotten, kleine Spielsachen, Socken usw., 1 Körbchen je „Tierherde"
Vorbereitung: Die Spielleitung versteckt die Gegenstände im Spielbereich.

So geht's: Die Kinder in Kleingruppen von 5 bis 6 Spielern aufteilen. In unserem Beispiel sind es zwei Gruppen.
Eine Kleingruppe spielt Schafherde, die andere Kuhherde. Es können aber auch mehr sein ... Elefantenherde, Pferde, Ziegen usw.
Jede Kleingruppe bestimmt aus ihren Reihen eine Mutter.
Auf das Startzeichen der Spielleitung dürfen die „Tierherden" anfangen zu suchen.
Sobald die Lämmer oder Kälbchen etwas gefunden haben, bleiben sie stehen und rufen so laut wie möglich nach ihrer Mutter.
In unserem Beispiel also: „Muh-muh" oder „Mäh-mäh."
Die Mutter rennt daraufhin mit dem Körbchen zu ihren Kindern und sammelt die Fundstücke ein. Nur die Mutter darf einsammeln! Die „Kinder" dürfen nicht mithelfen.
Wenn alle Gegenstände gefunden sind oder die vereinbarte Zeit abgelaufen ist, zählten Schafe und Kühe ihre Beute.
Und die Herde, die mehr gefunden hat, darf sich laut muhmuhend oder mähmähend über den Sieg freuen.

Pädagogisches Puppenspiel mit Kindern

Puppen und Stofftiere sind für jedes Kind etwas Besonderes. In der kindlichen Entwicklung haben sie einen großen Stellenwert.

Die Puppe als ein beseelbares Gegenüber fördert die Empathie, das Einfühlungsvermögen in andere. Beim Puppenspiel können Kinder oft leichter ihre Gefühle und Emotionen ausdrücken als durch ein direktes Gespräch. Als Identifikationsobjekte genießen sie einen hohen Vertrauensvorschub.

Auch den Kleineren ermöglicht das Puppenspiel schon Identifikation und Einfühlung mit den gezeigten Figuren und Handlungen. Die Puppe durchlebt alles, was das Kind beschäftigt.
Puppenspiel erlaubt die emotionale Interaktion zwischen Puppe und Kind, kann auch als emotionale Gruppenaktivität angelegt sein und soziales Lernen fördern.

Kinder spielen ihr ganz eigenes Puppenspiel

Ab einem Alter von etwa zwei Jahren erlangen sogenannte Fantasiespiele wie Rollen- und Puppenspiele immer größere Bedeutung.
Das Übertragen von unverarbeiteten ängstigenden Gefühlen auf die Puppe sowie das Aussprechen und Agieren dieser Gefühle über sie, ist für Kinder viel weniger angsteinflößend als das direkte Aussprechen gegenüber einem Menschen – Aufgabe der Pädagoginnen ist es, zu verstehen, was das Kind über die Symbolsprache der Puppe erzählen will.
Je kleiner das Kind, desto einfacher sollte auch die Puppe sein. Je weniger festgelegt sie ist, desto mehr Fantasie braucht das Kind, um Angedeutetes zu ergänzen. Je weniger Gesichtsausdruck sie hat, desto mehr Gefühlsqualitäten kann das Kind selber hineinlegen. Das simple Schlumpelmodell erfüllt also durchaus seinen Zweck.

Mein geliebtes Kuscheltier

Musik: Hartmut E. Höfele & Dorle Ferber
Text: Hartmut E. Höfele

Die Puppe folgt meiner Laune,
meiner Eingebung, meiner Begeisterung,
all ihre Bewegungen entspringen
den Gedanken, die mir einfallen,
und den Worten, die ich ihr in den Mund lege …
Sie ist Ich, mit einem Wort,
sie ist ein Wesen, keine Puppe.
(George Sand, französische Schriftstellerin)

Das Kita-Kuscheltier-Kennenlern-Puppenspiel

Kuscheltiere bzw. Stofftiere genießen bei Kindern einen enormen Vertrauensvorschuss. Viele haben ja auch ein sichtbar geliebtes Schmusetier. Sie dienen als Identifikationsfläche und können zu „besten" Freunden werden, denen man alles anvertrauen kann. Die Tiere werden als beseelte Wesen erlebt, obwohl Kinder recht früh ganz genau wissen, dass sie eigentlich nur Stoff und Plüsch sind. Sie hören auch wie gebannt zu, wenn die Stofftiere ihnen Geschichten erzählen. Mit strahlenden Augen beobachten sie das Geschehen.
Durch den Einsatz vieler, möglichst unterschiedlicher Figuren lassen sich auch Spielszenen initiieren und von Kindern (oder auch Erwachsenen) gestalten, die aus verschiedenen Gründen wie z. B. Hemmungen oder Angst sprachlich nicht ausgedrückt werden können oder sollen.

In unserem Spiel werden die Kinder dazu animiert, ihre Stofftiere sprachlich in Stimmung zu versetzen: Je mehr sprachliche Anregungen sie dabei von der Spielleitung bekommen, und je mehr sie zum Sprechen ermutigt werden, desto besser werden sie ihre Sprachfähigkeiten ausbauen und auch begeistert einsetzen, um unterschiedliche Situationen auszudrücken.
Der Teddybär, der Stoffhasi, der Knuddel mit der roten Mütze, oder Miez, die Katz aus Plüsch, können allerhand erzählen …
Material: Jede Menge Stofftiere (auch gerne von zu Hause mitgebracht)

So geht's: Die Kinder sitzen im Stuhlkreis. Wer sein Kuscheltier dabei hat, nimmt es auf den Schoß.
Die Tiere kommen ansonsten in die Mitte.
Die Spielleitung stellt den Kindern mit Begeisterung ein Kuscheltier vor.
Danach dürfen die Kinder sich aus den vorhandenen Stofftieren eins aussuchen.
Nun stellt die Spielleitung mit der vorgestellten Puppe einen ersten Dialog mit dem Tier eines Kindes her: *„Wer bist denn du? Wie heißt denn du? Wo kommst du her …"*
Und das Stofftier antwortet …
Die Kinder identifizieren sich recht schnell mit den Stofftieren und auch mit den Spielszenen. Sie bringen dann ihre eigene blühende Fantasie und Emotion in die entstehenden Spontandialoge mit ein.

Puppen wirken durch Sprache

Die Sprachkompetenz der Kinder lässt sich mit dem Medium Puppenspiel spielerisch erweitern. Und Kinder lernen schnell durch Nachahmung. Also nur Mut! Seine Stimme kann grundsätzlich jeder verstellen!
In unseren Workshops ermutigen wir die Pädagoginnen erst einmal, selber ihre ganz persönliche Puppe samt entsprechender Stimmlage zu finden. Was passt zu wem? Jeder hat seine eigene komödiantische Klangfarbe (Sprachverfremdung), die Kinder aufhorchen lässt. Am einfachsten funktioniert das Verstellen durch eine höhere oder tiefere Tonlage. „So hoch piepen wie ein Vögelein" oder tief „brummeln wie ein Zottelbär".

Plapperlapapp Dialoge

Wir möchten Pädagoginnen dazu ermutigen, mit Kindern und Puppen nach Herzenslust drauflos zu plappern, z. B.: Einfach ganz normale Alltagssituationen nachspielen, die den Kindern vertraut sind.
Eine Puppe kann dabei auch Dinge sagen, die man sich sonst nie trauen würde. Sie kann fröhlich, übermütig, frech sein, ungezügelte Wut äußern, aber auch aushalten, Mut geben, traurig sein, trösten, und sie kann helfen, Bedürfnisse nach Nähe und Zärtlichkeit deutlich zu machen oder auszuleben.
Mit frei improvisierten Plapperlapapp-Dialogen lässt sich sogar Streit schlichten. Dumme Fragen dürfen ebenfalls ganz ungeniert gestellt werden.
Ein einfaches „Wie geht es dir" ist meist schon Auslöser für einen Puppen-Spiel-Dialog. Dabei gilt es nur, die Antwort des Kindes stets behutsam aufzunehmen.

Puppenspiel als Medium für Rituale in der Kita

Kinder lieben Rituale. Denn sie geben ihnen Sicherheit und Orientierung. Wiederholende Puppenspielszenen und kleine sprachliche Rituale werden von Kindern mit großer Begeisterung angenommen. Sie helfen, den Kita-Alltag zu strukturieren und vermitteln Verlässlichkeit und Geborgenheit inmitten all der neuen Erfahrungen und Erlebnisse.
Puppenspielrituale können zu Beginn mit einem Eröffnungsreim initiiert werden. Hier drei bewährte Beispiele zur Anregung:

Material: Handpuppen

Trost & Mutmach-Ritual

Trostrituale helfen, die traurigen Gefühle zu ordnen.
Das Trostpüppchen ist bei dir und du bist nicht allein. Es hält zu dir und fühlt mit dir…
Viele kleine Katastrophen lassen sich mit einem aufmunternden „Nicht so schlimm!" oder „Nichts passiert!" abwenden. Einfach die Schmerzen wegpusten.
Dabei nie vergessen: Jede kindliche Krise hat einen guten Grund.

Heile, heile Segen, drei Tage Regen, drei Tage Schnee,
dann tut es nicht mehr weh.
Hast du Kummer oder Schmerzen?
Sag, was hast du auf dem Herzen?
Trösten woll'n wir – ei, ei, ei
und schon ist der Schmerz vorbei.

Heile, heile Segen, drei Tage Regen, drei Tage Schnee,
dann tut es nicht mehr weh.
Hast du dir grad weh getan?
Guckst uns ja ganz traurig an.
Trösten woll'n wir – ei, ei, ei
und schon ist der Schmerz vorbei.

Aufräum-Ritual

Eine Handpuppe lädt nach einer turbulenten Spielaktion zum Aufräumen ein:

Ene mene Miste, das Spielzeug in die Kiste,
Ene mene meck, wir räumen alles weg.
Alle Kinder machen mit.
Ei, ei, ei, ei, ei! Die Spielzeit ist vorbei!
Ene mene meck, wir räumen alles weg.

Aufräumen-wegräumen,
Platz machen, Ordnung schaffen.
Ratzfatz, ratzfatz. Alles kommt an seinen Platz.
Ene mene Miste, das Spielzeug in die Kiste,
ene mene meck, wir räumen alles weg.

Ho, das geht ja so geschwind
wie ein Sause-Wirbelwind.
Husch, wir räumen alles auf,
dann sieht es hier klasse aus.
Ei, ei, ei, ei, ei! Die Spielzeit ist vorbei!
Ene mene meck, wir räumen alles weg.

Frieden-stiften-Ritual

Wenn Kinder streiten, ist es ganz wichtig, dass sie auch lernen, dass und wie man Streit wieder beenden kann. Eine Handpuppe zeigt ihnen, wie das geht …

Manchmal gibt es Streiterei.
Das ist dann richtig doof.
Ärger, Zorn und Schreierei.
Herrje, was soll das bloß?
Wir geben uns die Hände.
Der Streit ist nun zu Ende.
Ene, mene, maus.
Der Streit, der ist jetzt aus.
Hey ich geb dir meine Hand.
Entschuldigung, Verzeih.
Hey, ich geb dir meine Hand.
Schluss mit der Streiterei.

Papa Bär und Kleiner Bär

Hartmut Höfele hat bei seinen Kindertheater-Vorstellungen stets zwei Teddybären im Spielekoffer. „Hey! Passt auf … Hört alle her. Jetzt kommt gleich der Papa Bär." Gemeinsam mit Kleiner Bär werden dann Spielszenen aufgeführt, bei denen die Kinder gebannt den Alltagsgeschichten lauschen.
Die plüschigen Gefährten sind immer da, widersprechen nicht und sind auch nicht beleidigt, wenn sie mal in der Ecke liegen.
„Sie sind die Partner in der ersten wirklich selbstbestimmten Beziehung der Kinder", sagt die US-Psychologin Prof. Marjorie Taylor von der University of Oregon.

Material: zwei Teddybären – ein großer Papabär und Kleiner Bär

Bärenstarke Dialogsequenzen:

Kleiner Bär stellt scheinbar doofe Fragen und Papabär gibt grummelnd Antwort.
Die Themenauswahl rund um den Kita-Alltag ist schier unerschöpflich.
Bei der Dialoggestaltung sollte der erhobene Zeigefinger vermieden werden.
Konflikte und ihre Lösungen können spielerisch angesprochen werden.

Mit dem Frühstücksteller um die Welt

Laut interkulturellem Konzept bereichern Essgewohnheiten verschiedener Kulturen auch unseren heimischen Speiseplan. Diese Erkenntnis ist nicht neu. Gerichte aus aller Herren Länder haben längst ihren festen Platz in deutschen Küchen und Mägen. In Hinsicht Pizza, Pasta und Döner ist die interkulturelle Bildung beachtlich, und die Integration durchaus gelungen, auch was Kinder betrifft.
In diesem Kapitel widmen wir uns der Mahlzeit, die allgemein für Kinder als wichtigste bezeichnet wird: dem Frühstück.
Frühstückskulturen sind ganz unterschiedlich. Auch bei der ersten Mahlzeit des Tages gilt: „Andere Länder, andere Sitten."
Diese kennenzulernen lohnt sich, denn ist nicht nur eine leckere, sondern auch eine spannende und lehrreiche Angelegenheit. Kinder mit Migrationshintergrund bekommen so die Gelegenheit, ihr Frühstück bekannt zu machen und erfahren Wertschätzung für ihre Kultur. Aha, so frühstückt also Gönül. Ist zwar fremd, vielleicht sollte man aber doch mal probieren? Danach lässt sich entscheiden, ob es einem schmeckt oder nicht.
Für eine längere Aktion könnten alle zusammen regelmäßig an einem bestimmten Tag ein Frühstück von „woanders" auftischen und gemeinsam verzehren.
Zu einer festlichen Gelegenheit passt dann ein abwechslungsreiches internationales Frühstücksbuffet unter elterlicher Mitwirkung. Und für eine Aktionswoche zum Thema Lebensmittel bzw. Nahrung bietet sich das Thema Frühstück ebenfalls an.
Bei der Auswahl unserer Rezepte haben wir darauf geachtet, dass es sich soweit möglich um „Kinderfrühstücke" handelt, wo kleine Helferlein auch bei der Zubereitung mithelfen können.
Garniert wird mit wissenswerten Informationen.
Guten Appetit.

Syrien: Mamounieh Aleppo

In Syrien und im Libanon isst man zum Frühstück zum Beispiel gerne eine Art Karamell-Grießbrei mit Käse. Dazu gibt es dünnes Fladenbrot, das es sowieso zu allem gibt. Da der Käse, der dort verwendet wird, hier nicht zu bekommen ist, verwenden wir alternativ normalen Frischkäse.

Zutaten für vier Portionen: 50 g Grieß, 2 EL Butter, 250 ml Wasser, 60 g Zucker, 1 TL Rosenwasser (gibt es im türkischen Supermarkt), Mandelblättchen oder gehackte Pistazien
Wer mag: 4 TL Frischkäse oder Soja-Joghurt
(Original: ½ TL Mahlap Gewürz, das ist hier aber schwer zu bekommen)
Material: 2 Pfannen, Kochlöffel, Schüsseln

So geht's: In der einen Pfanne den Zucker karamellisieren lassen: mit Wasser aufgießen und etwas einkochen lassen, bis sich ein goldbrauner Sirup gebildet hat. Beiseite stellen.
In der zweiten Pfanne Butter schmelzen und den Grieß darin anrösten, bis er hellbraun ist. Mit dem Sirup und dem Orangenblütenwasser aufgießen und umrühren, bis sich eine cremige Masse gebildet hat. Falls vorhanden, mit Mahlap würzen.
Ist die Masse zu fest, noch etwas Wasser dazugeben.
Den Grießbrei in Schüsseln füllen, je zwei Teelöffel Frischkäse unterrühren und mit Mandelblättchen oder gehackten Pistazien bestreut servieren.

Deutschland: bunte Brotvielfalt

Deutschland ist Weltmeister im Brotbacken. Es gibt tatsächlich mehr als 700 leckere Brot- und Brötchensorten. Von ganz hell über ganz dunkel, von knusprig bis fluffig ist für jeden Geschmack etwas dabei. Wenn zum Frühstück eine schöne Auswahl zusammengestellt und in einem Brotkorb hübsch präsentiert wird, bleibt es dann den persönlichen Vorlieben überlassen, ob so ein Brot oder Brötchen nun mit Butter, Marmelade, Käse, Honig oder etwas anderem verzehrt wird.

Schweiz: Bircher Müsli

Wer kennt kein Müsli?
Der Arzt und Ernährungsreformer Maximilian Oskar Bircher-Benner aus Aargau in der Schweiz erfand im Jahre 1900 ein Rezept, das die Frühstücksteller in vielen Teilen der Welt erobert hat. Wir haben uns am Original orientiert.

Zutaten: Haferflocken und dazu nach Geschmack: Rosinen, Nüsse, geraspelte Äpfel, Milch oder Joghurt und ein wenig Honig

Großbritannien: English Breakfast

Viele britische Kinder bekommen zum „normalen" Frühstück einen gesunden Haferbrei namens „Porridge".
Geschmacklich interessanter ist allerdings die andere bekannte und sehr üppige Frühstücksversion.

Zutaten pro Person: Toast, Salzbutter, Orangenmarmelade, 2 Eier, Salz, Pfeffer, ein wenig Milch, ½ Dose Baked Beans
Material: Toaster, Gabel, Schüssel, Messer, Pfanne, Pfannenwender, kleiner Topf, Kochlöffel, Teller, Warmhalteplatte

So geht's: Eier mit etwas Milch, Salz, Pfeffer verquirlen und Rühreier zubereiten. Baked Beans in einem Topf erwärmen, dann den Toast toasten.
Inzwischen das Rührei mit Baked Beans auf dem Teller anrichten.
Den fertigen Toast mit Salzbutter und Orangenmarmelade bestreichen, diagonal durchschneiden und auf den Teller platzieren.

Frankreich: Croissant & Café au lait

Tja, wer hätte das gedacht. Im Land der „Haute Cuisine" fällt das Frühstück eher spärlich aus. Das typisch französische Frühstück, das vor den Kindern auf dem Tisch steht, besteht aus Croissants und Milchkaffee, der zum größten Teil aus Milch besteht und nur wenig Kaffee enthält. Oder nur Milch.
Wobei ein leckerer Croissant ja nicht zu verachten ist. Auf jeden Fall hält sich der Aufwand in Grenzen. Und dann wird in den „bol", das typische Schüsselchen, eingetunkt.

Zutaten: frische Croissants (oder aufgebackene), Milch oder Milchkaffe

Türkei: Fladenbrot mit Tomaten

Ehrlich gesagt ist das Frühstück in der Türkei so reichhaltig und vielfältig, dass wir damit das Kapitel füllen könnten. Neben Börek, Eiern, Tomaten, Schafskäse, Knoblauchwurst, Aufstrichen usw. gibt es oft auch noch süße Sachen.
Wir haben uns für ein Kinderfrühstück etwas ganz Einfaches, aber Schmackhaftes herausgesucht.

Zutaten: Fladenbrot, Knoblauch, Salz, Pfeffer, frischer Basilikum
Material: Messer, Brettchen, Reibe

So geht's: Die Tomaten reiben, mit Knoblauch, Pfeffer, Salz, Basilikum und etwas sehr gutem Olivenöl verrühren. Mit frischem türkischem Fladenbrot stippen.

USA: Cornflakes & Co

Wenn es schnell gehen muss, dann gibt es in den USA zum Frühstück eine Schale Cornflakes oder andere „Cereals“. Kinder essen das meist sehr gerne, nur sollte auf den Zuckergehalt geachtet werden.

Zutaten: Cornflakes und andere „Cereals“ nach Wahl, Kuhmilch, Reismilch bzw. Sojamilch für Allergiker
Material: Schüsseln

Südafrika: Mealie-Pap

Für viele Kinder ist dieser Papp das Hauptnahrungsmittel und oft das Einzige, was sie am Tag bekommen. Um es zuzubereiten muss man rühren, rühren, rühren und gut aufpassen, dass es nicht anbrennt.

Zutaten: 300 g Maismehl, 1 Liter Wasser, 1 Teelöffel Salz
Material: Topf, Holzlöffel

So geht's: Das Wasser im Topf zum Kochen bringen. Salz einstreuen.
Das Maismehl langsam in das kochende Wasser rieseln lassen und mit einem Holzlöffel verrühren, bis ein schwerer Brei entstanden ist. Nun den Deckel auf den Topf geben. So lange kochen lassen, bis das Wasser fast vollständig verdampft ist.
Den Brei mit einer Gabel auflockern (heiß!), wieder zudecken und bei geringer Hitze garen lassen. Dabei immer wieder umrühren: Nach 30–40 Minuten ist der Mealie-Pap gar.

Karibischer Bananenshake

Da ist eigentlich alles drin, was Kinder zum Gute-Laune-Frühstück brauchen.

Zutaten: 1 mittelgroße reife Banane, ¼ l Milch, ½ TL Zimt
Material: Messer, Brettchen, Mixer

So geht's: Banane schälen. Zusammen mit der Milch mit dem Pürierstab schaumig mixen. Zum Schluss den Zimt dazugeben. In ein kaltes Glas geben, Strohhalm dazu.

Indien: Orangenreis

In Indien gibt es unglaublich viele regional verschiedene Frühstückstraditionen. Alles lecker. Aber der folgende Orangenreis ist einfach zuzubereiten und ein Hit bei Kindern. Am besten warm essen.

Zutaten 4 Portionen: 2 Tassen Reis, 4 Tassen Wasser, 100 g Butter, 1 Apfel, 2 Orangen, 1 Tasse Rosinen, ½ Tasse Mandelstifte, 2 EL Zucker, 1 Päckchen Vanillezucker, Orange zum Garnieren
Material: Topf, Kochlöffel, Brettchen, Messer

So geht's: Die Butter in einem Topf schmelzen. Den gewaschenen Reis dazugeben und verrühren.
Das warme Wasser dazugießen. Unter Rühren aufkochen. Deckel auf den Topf und zur Seite stellen.
Apfel und Orangen schälen und in Stückchen schneiden. Zum gequollenen Reis geben.
Mandeln, Rosinen und Zucker dazugeben und gut mischen.
In eine Schüssel umfüllen. Mit Orangenstücken verzieren.

Kanada: Pancakes

Kanada ist das Land, aus dem der Ahornsirup, der eingedickte Saft der Ahornbäume, stammt. Wir verdanken ihn übrigens den Indianern. Mit den traditionellen kleinen Pfannkuchen zusammen steht er nicht nur bei den Kindern zum Frühstück ganz weit oben auf der Liste der Lieblingsspeisen.

Zutaten: 250 g Mehl, 2 TL Backpulver, 1 TL Natron, 1 TL Zucker, 1 TL Salz, 3 Eier, 2 EL Margarine, ¼ Liter Milch, 3 EL Butter, evtl. 200 g Blaubeeren, Ahornsirup
Material: Schüsseln, Rührschüssel, Mixer, Sieb, kleiner Topf, Kochlöffel, Pfanne, kleiner Schöpflöffel

So geht's: Mehl mit Backpulver und Natron in eine Schüssel sieben. Zucker und Salz hinzufügen.
Die Eier vorsichtig trennen. Die Eiweiße mit dem Mixer steif schlagen.
Die Margarine in einem Töpfchen zerlassen.
Eigelbe mit 2 EL der zerlassenen, aber nicht mehr heißen Margarine verrühren und mit der Milch unter die Mehlmasse geben. Das steif geschlagene Eiweiß vorsichtig unter die Teigmasse heben.
In der Pfanne 2 EL Butter zerlassen. Den Teig in kleinen Portionen in die Pfanne gießen, sodass die Pancakes ca. 15 cm Durchmesser haben. Die Pancakes goldbraun braten.
Auf einem Teller stapeln und mit Ahornsirup beträufeln.

Tipp: Jeweils einen Esslöffel Blaubeeren pro Pfannkuchen in den Teig streuen

Schweden: Chokladbollar

Aus Schweden kennt man am ehesten Knäckebrot, das auch zum Frühstück gefuttert wird. Für unser Frühstück haben wir uns aber für Schokoladenbällchen entschieden, zur Freude der Kinder.

Zutaten: 500 ml grobe Haferflocken, 140 g Zucker, 3 EL Kakao, 1 Päckchen Vanillezucker, 120 g Butter, 2 EL Wasser, 100 g Kokosflocken
Material: Schüssel, Küchenwaage

So geht's: Die Haferflocken mit Zucker, Vanillezucker und Kakao gut vermischen und mit den restlichen Zutaten verarbeiten. Aus dem Teig rollen die Kinder kleine Kugeln, in etwa so groß wie eine Walnuss. Die Bällchen dann in Kokosflocken wälzen und für zwei Stunden in den Kühlschrank stellen.
Da sie nicht zu kalt serviert werden sollten, bitte rechtzeitig wieder aus dem Kühlschrank herausholen.

MIX
Paper from
responsible sources
FSC® C010798

www.herder.de

Umschlaggestaltung: SchwarzwaldMädel, Simonswald
Illustrationen: Annette Swoboda
Satz und Gestaltung: Sabine Ufer
Notensatz: Nikolaus Veeser

Herstellung: Graspo CZ, Zlín
Printed in the Czech Republic

ISBN 978-3-451-37506-4